校园欺凌的
形成机制与测评方法

孙锦露　著

北　京

冶 金 工 业 出 版 社

2021

内 容 提 要

本书通过阐述国内外校园欺凌的历史脉络，探析我国初中生对校园欺凌的感知与态度，构建本土化校园欺凌测评工具；结合社会生态系统的理论框架，从个人、家庭与学校、同伴与社区、文化层面等探究校园欺凌的影响因素。同时分析了当前我国校园欺凌的现实情况与发展模型，提出校园欺凌的预防体系与干预对策。

本书适合中小学教师、青少年家长、教育工作者、心理咨询师、儿童保护专家等阅读，也可供有关研究人员参考。

图书在版编目（CIP）数据

校园欺凌的形成机制与测评方法/孙锦露著. —北京：冶金工业出版社，2021.8

ISBN 978-7-5024-8423-1

Ⅰ.①校… Ⅱ.①孙… Ⅲ.①校园—暴力行为—研究 Ⅳ.①G474

中国版本图书馆 CIP 数据核字（2021）第 143853 号

出 版 人　苏长永
地　　址　北京市东城区嵩祝院北巷 39 号　邮编　100009　电话　(010)64027926
网　　址　www.cnmip.com.cn　电子信箱　yjcbs@cnmip.com.cn
责任编辑　郭冬艳　美术编辑　郑小利　版式设计　禹　蕊
责任校对　卿文春　责任印制　李玉山
ISBN 978-7-5024-8423-1
冶金工业出版社出版发行；各地新华书店经销；三河市双峰印刷装订有限公司印刷
2021 年 8 月第 1 版，2021 年 8 月第 1 次印刷
710mm×1000mm　1/16；9.25 印张；179 千字；135 页
55.00 元
冶金工业出版社　投稿电话　(010)64027932　投稿信箱　tougao@cnmip.com.cn
冶金工业出版社营销中心　电话　(010)64044283　传真　(010)64027893
冶金工业出版社天猫旗舰店　yjgycbs.tmall.com
（本书如有印装质量问题，本社营销中心负责退换）

序

当人们打开电视或者用手机阅读新闻时，有时会看到发生在学生之间的骇人听闻的欺凌事件。从2014年至今的7年间，媒体曝光的校园欺凌恶性事件近百余起，涉及的年级以初中学生为主（含职业学校），小学、高中次之。信息化社会使得此类负面事件迅速传播并引起热点关注，造成学生家长的广泛焦虑以及不良的社会影响。

校园欺凌，其实也是世界性的问题。针对校园欺凌，美国有5000多个辅导项目为300多万年轻人提供辅导。在我国，也亟需对校园欺凌现象进行既涉及发生原因的基础性研究，又涉及到如何通过科学工具评估和检测，及时发现欺凌征兆和欺凌者特征的实证研究，从而进行及时的干预和辅导。本书就是这样的研究著作。

孙锦露博士运用生态系统理论对校园欺凌进行了系统的研究。研究对象不仅有欺凌者、被欺凌者和旁观者；还有家庭、学校、同伴、社区和次文化系统的影响因素。为了更加严谨与科学，她还对校园欺凌的发生原因、影响因素、应对方式等进行了定量调查，在前人研究的基础上，根据本研究前期的调查，单独编制了《校园欺凌行为量表》，通过收集多所中、小学校的测试和访谈，获得大量第一手资料，详细分析了欺、负、侮、凌、霸的不同表现及演变过程，在此基础上撰写了本书。

本书内容中有许多独到见解和研究方法，可为关注这一现象的研究者、老师、家长们提供了解校园欺凌的发生原因、欺凌行为的演变

过程、欺凌中不同个体角色的心理，以及这些心理发生背景，进而为

开展预防、控制、减少校园欺凌提供参考和借鉴。

李政隆

2020 年 9 月

前　　言

　　校园欺凌是发生在校园（包括中小学校和中等职业学校）内外、学生之间，一方单次或多次蓄意或恶意通过肢体、语言及网络等手段实施欺负、侮辱，造成另一方身体伤害、财产损失或精神损害等的行为，具有力量非均衡性、故意伤害性与重复发生性三个根本特征。近些年来，由于互联网和移动互联网的兴盛，产生了一种新型的不同以往传统校园欺凌的新的欺凌形式——网络欺凌。网络欺凌是以电子产品为媒介，以间接的方式，利用互联网的匿名和快速传播的特点而进行的欺凌。其对于被欺凌者产生的身体和心理后果同样不容小觑，是一种新兴的公共卫生问题。

　　作者之所以如此关注校园欺凌的问题：第一，由于在成长过程中，作为被欺凌者与旁观者亲历过多起校园欺凌事件的发生；第二，在全国范围内，校园欺凌已经成为严重影响未成年人身心健康的突出问题；第三，作者在多年从事心理咨询工作中发现，某些心理问题与校园欺凌事件密切相关，且人群分布贯穿不同年龄段，影响程度不一。第四，我国对于校园欺凌的了解还处在探索阶段，从概念界定、行为识别、分类以及测量方式差异较大，尚未形成统一标准。基于以上思考，作者选择对此问题进行探索研究。

　　首先，在校园欺凌的原有的基本内涵特征的基础上，进一步扩展出四个延伸特性：普遍性、隐蔽性、侮辱性和难以反抗性。据此发现校园欺凌的发生有一个同伴之间互动交往的过程：欺凌者通过观察物色潜在欺凌对象，经过尝试与再次尝试确定欺凌对象，继而不断反复形成稳定的欺凌关系。

其次，根据探索性因素分析得出身体欺凌、财物欺凌、性欺凌、关系欺凌、网络欺凌五种类型，通过自编量表对校园欺凌中的欺凌者进行识别与辨认，发现欺凌者占比一成左右，其中身体欺凌者比重最大，其次为混合欺凌者、网络欺凌者、关系欺凌者，而财物欺凌者和性欺凌者比重相对较小。

最后，校园欺凌的发生是多个变量引起的，教师压力与不良同伴在不同欺凌模型均为贡献率最大的变量，对不同的欺凌类型有良好的解释和预测能力。

从内容分布上，本书共有7章。围绕着"校园欺凌"的主题大致论述了以下内容：运用生态系统理论对校园欺凌的具体内涵与外延进行阐述，讨论校园欺凌的发生原因、相关因素、应对方式等基本问题，并编制校园欺凌行为量表作为研究测量工具，探索社会生态系统下校园欺凌的影响因素，为校园欺凌的风险防控提供理论依据。具体而言：

第1章介绍了本书的背景、意义、研究方法、框架与创新之处等。第2章阐述校园欺凌概念的演化、国内外校园欺凌历史脉络与现状研究。第3章介绍了校园欺凌的行为特性、发生原因、相关因素以及应对方式等，探析初中生对校园欺凌的感知与态度，构建校园欺凌过程的动态发展模型。第4章编制《初中生校园欺凌行为量表》，确定了欺凌的五个类型，分别是身体欺凌、财物欺凌、性欺凌、关系欺凌、网络欺凌。第5章通过借鉴社会生态系统的理论框架，从个人、家庭与学校、同伴与社区、文化层面等探究校园欺凌的影响因素。第6章主要针对校园欺凌的识别与测评方法进行说明与讨论，分析当前中国校园欺凌的现实情况。第7章基于前面各章的结论提出校园欺凌的预防体系与干预对策。

感谢中国人民公安大学犯罪学学院教授、我的博士生导师李玫瑾，感谢中国人民公安大学犯罪学学院王大为教授、刘洪广教授、张萌老师，感谢美国山姆休斯顿州立大学刑事司法学院赵继宏教授，感谢中国台湾屏东教育大学教育心理学系邱珍琬教授，在本书编写中给我提供的支持与帮助。本书参考、引用了部分国内外有关文献资料，在此对文献作者一并表示感谢。本书是在中国人民公安大学优秀博士论文的基础上进行编写的。

由于编者水平所限，书中不妥之外，恳请广大读者批评指正。

著 者

2021 年 5 月

目　　录

1　引言 ……………………………………………………………… 1

　1.1　研究背景 ………………………………………………… 1

　1.2　研究思路 ………………………………………………… 2

　1.3　研究方法 ………………………………………………… 4

　1.4　创新之处 ………………………………………………… 4

2　校园欺凌概念解析 …………………………………………… 6

　2.1　校园欺凌的概念演化 …………………………………… 6

　　2.1.1　校园欺凌的研究由来 ……………………………… 6

　　2.1.2　校园欺凌近义词辨析 ……………………………… 7

　　2.1.3　校园欺凌相近概念辨析 …………………………… 11

　2.2　校园欺凌的行为界定 …………………………………… 13

　　2.2.1　校园欺凌的行为类型 ……………………………… 13

　　2.2.2　校园欺凌与嬉笑打闹的区别 ……………………… 16

　2.3　校园欺凌相关理论述评 ………………………………… 17

　　2.3.1　国内研究观点 ……………………………………… 17

　　2.3.2　国外研究观点 ……………………………………… 20

　　2.3.3　社会生态系统观点 ………………………………… 22

3　校园欺凌的形成机制 ………………………………………… 25

　3.1　研究对象 ………………………………………………… 26

　3.2　研究结果 ………………………………………………… 26

　　3.2.1　校园欺凌的行为特性 ……………………………… 27

　　3.2.2　校园欺凌的发生原因 ……………………………… 42

　　3.2.3　校园欺凌的相关因素 ……………………………… 45

　　3.2.4　校园欺凌的应对方式 ……………………………… 49

　　3.2.5　校园欺凌动态发展模型 …………………………… 50

4 校园欺凌行为量表编制与测评 ·· 54

4.1 量表编制与修订 ·· 54

4.1.1 量表编制 ·· 54

4.1.2 量表修订 ·· 55

4.2 量表初步测查 ·· 56

4.2.1 样本选择 ·· 56

4.2.2 研究工具 ·· 57

4.2.3 项目分析 ·· 57

4.2.4 探索性因素分析 ·· 59

4.3 量表正式测查 ·· 61

4.3.1 样本选择 ·· 61

4.3.2 研究工具 ·· 62

4.4 信效度检验 ·· 62

4.4.1 验证性因素分析 ·· 62

4.4.2 信效度分析结果 ·· 63

4.5 研究结论 ·· 65

4.5.1 关于量表编制 ·· 65

4.5.2 关于量表结构 ·· 65

4.5.3 关于量表质量 ·· 67

5 校园欺凌的影响机制分析 ··· 68

5.1 研究方法 ·· 68

5.1.1 研究设计 ·· 68

5.1.2 测量工具 ·· 68

5.1.3 样本城市选择 ·· 70

5.2 研究结论 ·· 72

5.2.1 问卷回收情况 ·· 72

5.2.2 基本情况描述 ·· 73

5.2.3 阶层回归分析 ·· 78

6 校园欺凌的识别与测评方法 ··· 95

6.1 理解校园欺凌的基本特征 ·· 95

6.2 识别校园欺凌的行为类型 ·· 96

6.3 定义校园欺凌者的范畴 ·· 97

6.3.1 欺凌者基本定义 ·· 97

6.3.2　欺凌者分布特点 ………………………………………… 98

6.3.3　一种快速鉴别方法 ………………………………………… 98

6.4　量化校园欺凌的关键因素 ……………………………………… 99

6.4.1　模型设计 ………………………………………………… 99

6.4.2　总体讨论 ……………………………………………… 101

7　校园欺凌的预防与干预对策 …………………………………… 105

7.1　奥维斯反欺凌方案 …………………………………………… 105

7.1.1　奥维斯欺凌预防计划的理论依据 ……………………… 106

7.1.2　奥维斯欺凌预防计划的基本措施 ……………………… 107

7.1.3　奥维斯反欺凌计划的干预效果 ………………………… 108

7.2　KiVa 反欺凌项目 …………………………………………… 109

7.2.1　KiVa 反欺凌项目的理论依据 ………………………… 109

7.2.2　KiVa 反欺凌项目的基本措施 ………………………… 110

7.2.3　KiVa 反欺凌项目的干预效果 ………………………… 110

7.3　修复式正义实践 ……………………………………………… 111

7.3.1　修复式正义实践的理论依据 …………………………… 111

7.3.2　修复式正义实践的操作模式 …………………………… 112

7.3.3　修复式正义实践的干预效果 …………………………… 115

7.4　尼尔森正面管教 ……………………………………………… 115

7.4.1　教师干预 ………………………………………………… 116

7.4.2　学校干预 ………………………………………………… 116

7.4.3　家长干预 ………………………………………………… 117

结论 ……………………………………………………………… 119

附录 ……………………………………………………………… 120

附录 1：中学生人际关系访谈提纲 ……………………………… 120

附录 2：校园欺凌相关法规 ……………………………………… 122

附录 3：校园欺凌情境测试问题 ………………………………… 123

参考文献 ………………………………………………………… 125

1 引　言

1.1　研究背景

校园欺凌作为严重影响未成年人身心健康的社会顽疾，引起了世界各国的高度重视与关注。2014~2019 年 6 月间，中国媒体曝光情节恶劣、后果严重的校园欺凌事件高达百余起，以中小学校为主，发生地分布广泛，包括北上广等一线城市，以及广西、云南、辽宁、海南、山东等省区，造成社会更多群体对于校园欺凌的广泛焦虑。校园欺凌的研究和治理工作已经刻不容缓。中小学生处于生理和心理发育成长阶段，自我控制能力、分辨是非以及抵御外界影响的能力相对薄弱，既容易成为校园欺凌中的施害一方，也容易沦落为被欺凌一方，成为校园欺凌事件的高发人群。

经常遭受校园欺凌的学生，除了在身体上常常出现不同程度外伤（如擦伤、割伤等），在其心理上，往往产生害怕、焦虑、生气、沮丧、自信心受挫，甚至造成抑郁、精神压力等不良心理反应，从而影响到学生正常的学习生活以及内在的安全感、幸福指数等，严重者还会产生自杀倾向。而欺凌者往往具有较强攻击性，更容易参与其他形式的反社会活动，出现偏差行为，甚至导致刑事犯罪等。

目前我国对于校园欺凌的研究还处在探索阶段，在专业术语上，"校园欺负""校园欺侮""校园欺凌""校园霸凌""校园暴力"等内涵不同的术语往往均指"校园欺凌"，导致相关概念模糊不清。对于校园欺凌的行为界定、分类以及测量方式差异较大，尚未形成统一的标准。2015 年之后中国青少年研究中心（2015 年）、司法部政策法规司（2016 年）、中国应急管理学会（2017 年）等机构在全国各地或者部分地区开始进行大规模问卷普查，但是对校园欺凌形成的原因分析与系统研究仍有待深入。

除此之外，对于校园欺凌中各个主体以及各个要素之间关系的研究缺乏系统性。校园欺凌现象的发生以中小学生为主要群体，但对于校园欺凌的研究不能局限于涉事的学生本身，还应该关注同一生态环境下的所有学生群体。通常认为欺凌是一种一对一的双向关系，事实上欺凌的重要参与角色不仅有欺凌者与被欺凌者，还有旁观者，而旁观者中也有追随者、支持者、潜在欺凌者、袖手旁观者、潜在保护者以及保护者等角色（Olweus，2001 年）。欺凌的过程是动态发展的，也是互相影响的，其中"被欺凌者"不单单只有狭义的被欺凌者本人，也包括更加广泛的群体，例如被欺凌者的家庭、现场旁观者、学校其他有所耳闻的学生等。欺凌行为在学校中制造出一种不安全的氛围，并引发在更广泛的环境中的不安全感与恐慌，这些环境包括上下学途中、社区、街道等。

引起上述问题的原因，一方面是因为校园欺凌行为的高发存在深层的社会原因，而对此并没有深入透彻的研究。个体从出生起，通过抚养人的教育学习而社会化，从 0~12 岁以家庭教育的影响最为重要；进入青春期后，家庭教育功能逐渐减弱，学校教育和朋友的影响力提高。学生成长过程中无时无刻不受到家庭教育与学校教育和朋友的影响，其行为往往是三者的相互作用与投射。除了上述三者以外，还有许多导致校园欺凌发生的因素，如与不良同伴交往、暴力亚文化崇拜等社会因素。如若仅仅只是处罚欺凌者的暴力行为以及责备受欺凌者的软弱，而忽略个体背后的家庭、学校、社会背景，很难从根本上解决欺凌问题。

另一方面，对于校园欺凌的欺凌者仅以刑事司法进行判决和惩处并非最佳选择，而要找到关键因素，对症下药，建立校园欺凌的预防对策。对于校园欺凌问题不应该仅仅依靠欺凌之后的"治理"，而应该将重心放在"预防"欺凌的发生；且不应该只限于教育学领域，也需要从法学、社会学、心理学乃至犯罪学角度综合研究，才能完整准确地认识校园欺凌现象，从而提出一个完整系统的校园反欺凌预防对策，建立政府、社会、学校、家庭等各方主体参与的校园欺凌风险防控体系。

本书研究运用生态系统理论对校园欺凌的具体内涵与外延进行研究，讨论校园欺凌的发生原因、相关因素、应对方式等基本问题，并尝试编制校园欺凌行为量表作为研究测量工具，探索社会生态系统下校园欺凌的影响因素，为校园欺凌的风险防控提供理论依据。

1.2　研究思路

本书研究的主要目的如下：

一是通过初中生校园欺凌的结构化访谈，了解中国校园欺凌的基本问题。主要对校园欺凌行为的具体内涵与外延进行细化，探析校园欺凌的发生原因，校园欺凌中学生与教师的应对方式，继而探究欺凌者的个人特点、家庭特征、同伴交往方式与欺凌发生相关的因素，构建校园欺凌的动态发展模型。

二是在借鉴国内外现有测量工具的基础上，开发一个适合中国初中生群体的校园欺凌测量工具，识别校园欺凌中的欺凌参与者，为欺凌者的分类、预测、干预工作提供科学依据。

三是根据社会生态系统理论框架，融合布朗芬布伦纳与莫拉莱斯的观点，探讨个人的微观系统，家庭、学校的中间系统，同伴、社区的外部系统以及亚文化层面的宏观系统对校园欺凌的作用，探索校园欺凌的影响因素。

本书研究的主要框架如图 1-1 所示，本书研究从 3 个方面切入，即初中生校园欺凌的基本问题、校园欺凌行为量表的编制以及校园欺凌的影响因素分析，共计五个部分：

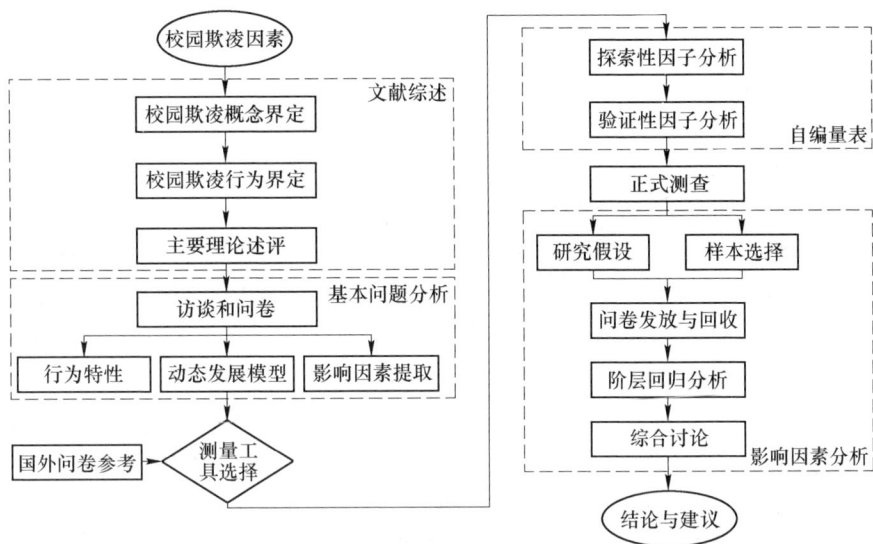

图 1-1　研究框架

（1）文献综述。通过文献综述对国内外校园欺凌的发展历史和基本概念进行深入的总结与分析，尤其是对相近概念进行辨析，以此为基础界定校园欺凌行为的类型和定义；采用社会生态系统的观点，结合其他相关理论构建本书研究的理论框架。

（2）初中生校园欺凌的基本问题研究。为了解初中生欺凌行为的现状，为后续的问卷编制建立基础。本书研究从河北定州选取两所初中，基于结构化访谈法与焦点小组访谈法收集的一手资料，通过扎根理论探索初中生对于欺凌行为的认识与态度。主要包括对中国校园欺凌的行为特性、发生原因、应对方式以及相关因素等基本问题的分析，构建校园欺凌的动态发展模型。

（3）初中生校园欺凌行为量表编制。通过文献归纳与结构化访谈分析发现，国外主流的欺凌问卷在中国的应用效果并不理想。例如目前国内使用的奥维斯欺凌/被欺凌者问卷、史密斯欺凌问卷与埃斯皮莱奇的伊利诺伊州欺凌问卷，问卷的测量题目都没有获得一致性较高的欺凌确认比例，且三种问卷距今时间较久远，对于中国当前校园欺凌的识别准确度尚待考察。为此本书研究从访谈资料中提取出校园欺凌的表现形式，采用扎根理论方法进行编码，编制适合中国初中生校园欺凌的测量工具。

（4）校园欺凌的影响因素分析。根据社会生态系统理论框架，融合布朗芬布伦纳与莫拉莱斯的观点，构建校园欺凌发生机制的影响因素，探讨不同系统层次对校园欺凌行为的影响，以期形成校园欺凌的预测模型。

（5）结论与建议。经过校园欺凌的基本问题、校园欺凌行为量表的编制以及校园欺凌影响因素的分析，进一步对研究结果进行讨论，并针对我国校园欺凌的现状有针对性地提出相关建议。

1.3　研究方法

本研究采用定性和定量相结合的方式，综合运用文献研究、访谈、问卷调查、阶层回归等研究方法。

（1）文献研究法。根据研究目的，重点检索内容以"欺凌（bullying）""校园欺凌（school bullying）""校园欺凌""校园暴力（school violence）""同伴欺凌（peer victimization）"等为关键词进行文献梳理，从而全面了解国内外研究现状，为本研究提供翔实的参考和借鉴。

（2）访谈法。通过结构化访谈与焦点小组访谈等方式研究初中生校园欺凌问题。通过研究者和研究对象之间面对面的交流，对被试的问题进行记录，同时观察被试的某些非语言特征，如表情、动作等，及时调整面谈的内容，准确收集一手资料，并采用 Nvivo11.0 等软件进行质性分析。

（3）问卷调查法。通过随机抽样，现场问卷发放和回收的方式开展大规模问卷调查，采用项目分析法对现有问卷进行修订。同时为了保证问卷调查的质量，采用班级为单位的收取问卷方式，在调研员解释进行指导语说明之后，当场填写、当场回收，确保问卷填写质量与回收率。

（4）阶层回归分析。运用 SPSS22.0 等软件对问卷结果进行信度和效度分析，并采用阶层回归模型分析各个影响因素的统计学特征，从而支持本研究的定量分析工作，为后期大规模问卷测查提供预测模型。

1.4　创新之处

本研究的主要创新之处如下。

在研究思路上，通过查阅大量一手资料，对校园欺凌问题的发展状况、基本概念进行全面辨析，区分各个概念的差异和关联性，使得研究问题更加明确，并提出了符合中国国情的校园欺凌界定方式。同时将校园欺凌放到社会生态系统角度进行分析，避免了校园欺凌研究视角过于狭隘的问题，并结合质性研究的结果，系统归纳校园欺凌的行为特性，构建动态发展模型。采用阶层回归等方法建立预测模型，为校园欺凌问题的研究提供了新的思路。

在研究方法上，综合质性访谈、自编量表、阶层回归等多种方法，构建了较为完整的校园欺凌行为量表，为国内校园欺凌的测量工具开发提供了一种可能。

为了保证量表质量，在制定量表发放计划时，一方面综合考虑经济发展水平、人口特征以及调研便利性等因素，创新性地构建了样本城市的筛选标准；另一方面对调研人员进行系统培训，以保证量表收集过程的可靠性。

在研究结论上，本书发现校园欺凌的发生有一个同伴之间互动交往的过程：欺凌者通过观察发现潜在的欺凌对象，经过尝试探索与再次探索确定欺凌对象，继而不断试探形成稳定的欺凌关系。采用身体欺凌、财物欺凌、性欺凌、关系欺凌、网络欺凌五个维度，对校园欺凌中的欺凌者进行识别与辨认，并将欺凌者分为身体欺凌者、财物欺凌者、性欺凌者、关系欺凌者、网络欺凌者，以及混合欺凌者六种类型。

在探究影响因素时，从个人的微观系统，家庭、学校的中间系统，同伴、社区的外部系统以及亚文化层面的宏观系统四个方面进行影响因素分析。分析结果显示：校园欺凌的发生是由多个变量引起的，不同欺凌类型发生的影响因素也存在差异。在解释欺凌行为发生的影响因素时，不应该局限于讨论有无欺凌行为的发生，而应该着眼于不同类型欺凌影响因素的讨论。人口学变量中性别、年级与家庭经济条件具有持续性以及中度重要影响作用。冒险性、家庭压力与暴力亚文化变量的影响为正向，父母依恋、学业压力、社区支持变量的影响为负向，而欧美流行文化依据不同欺凌类型，既有正向也有负向。值得注意的是，教师压力与不良同伴在不同欺凌模型中均为贡献率最大的变量，对不同类型的欺凌方式均有良好的预测作用。这一结论对于理解校园欺凌的影响因素和发生机制具有重要的启示。

2 校园欺凌概念解析

2.1 校园欺凌的概念演化

2.1.1 校园欺凌的研究由来

研究校园欺凌（school bullying）需要从欺凌（bullying）一词的本源入手。最初对于欺凌的研究从海德曼（Heinemann，1973年）开始，认为欺凌是一种群体聚集的行为（mobbing），指的是群体对某一偏离群体的个体发起以及实施的暴力攻击行为。奥维斯（Dan Olweus，1978年）把欺凌研究对象扩展到中小学生身上，形成了校园欺凌的概念，并引入了更深入的含义，即校园欺凌的伤害不局限于暴力攻击，也包括对精神与心理上的骚扰。此后英国（Smith，1990年）、瑞士（Alsaker等，1999年）、澳大利亚（Rigby等，1996年）、美国（Nansel等，2001年）等国先后对校园欺凌开展了深入研究。

由于研究视角和研究方法的不同，各国学者对于校园欺凌的定义也存在差异，没有形成统一的概念，但形成了两种模式：一种是以"校园"为中心的界定模式，另一种是以"师生"主体为中心的界定模式。以"校园"为中心的界定模式，强调欺凌的发生在学校内或者学校周边，以中小学校园为主，指的是教师、学生或者校外人员对学生造成身体或精神的伤害。典型的研究如美国（Bradshaw等，2007年）和中国香港地区（黄成荣、马勤等，2002年）模式，强调校园欺凌发生的地点以校园为主。以"师生"主体为中心的界定模式，强调教师和学生是校园欺凌的欺凌者或者被欺凌者，认为校园欺凌发生的地点没有校内、校外的区分。挪威（Dan Olweus，1994年）、英国（Peter Smith，1999年）和日本（森田百合，2011年）等主要采用这种模式，强调教师或者学生是被欺凌者，欺凌行为让被欺凌者感到身体或精神的痛苦，发生地点不限定在学校范围之内。本书对于校园欺凌的定义与中国官方首次对校园欺凌的定义一致，指的是发生在校园（包括中小学校和中等职业学校）内外、学生之间，一方（个体或群体）单次或多次蓄意或恶意通过肢体、语言及网络等手段实施欺负、侮辱，造成另一方（个体或群体）身体伤害、财产损失或精神损害等的行为。

中国最早对欺凌的关注是从国内校园欺凌与日本校园欺凌的比较研究开始的。1994年日本初二学生大河内清辉因不堪忍受欺凌（bullying）自杀引起日本朝野震动，而针对这一事件，我国学者采用"欺侮"一词来解释其行为（李永莲，1995 年）。由此，国内学者早期对"bullying"一词的翻译较多使用"欺侮"一词。但也有其他学者根据自身对于欺凌现象的理解，使用不同术语。例如，张文新采用简笔画探究中国中小学生对"bullying"的理解时使用"欺负"一词，认为欺负（bullying）是中小学生之间经常发生的一种特殊类型的攻击性行为（1999 年）。中国台湾地区对于"bullying"的界定最早由儿童福利联盟文教基金会提出，指学生之间权力不平等而导致长期存在于校园的欺凌与压迫现象，并根据单词发音音译为"霸凌"（2004 年）。中国香港地区对校园欺凌的研究同日本相似，亦是由极端案例引起社会共识引发政界与学术界的关注，使用术语为"学童欺凌"（黄成荣、马勤，2002 年）。

中国内地关于"bullying"的研究也较为丰富，但是对于"bullying"的翻译未形成统一的定义文本，以"欺侮""欺负""霸凌""欺凌"为主，且较多文献中还将"校园暴力"与"校园欺凌"相提并论，视为同一概念。这种现状使得校园欺凌的基本概念与相近概念存在界定模糊、不明确的特点，因此论证汉语语境中"bullying"的概念选取是"欺凌"的合理性显得尤为重要。首先，本书对"bullying"一词进行词源学考察。"bullying"在《柯林斯高阶英汉双解学习词典》中有三个释义：（1）名词。解释为恃强凌弱者、强行霸道者、恶霸，强调在力量、能力上占优势的一方对另一方的伤害、恐吓。（2）动词。解释为欺负、恐吓、欺凌。（3）另一动词。解释为迫使、胁迫，意旨被某人用武力或者恐吓强迫做某事。在《牛津高阶英汉双解词典》有两个释义：名词解释为恃强凌弱与欺凌行为；动词解释为威逼、欺负。另外，对于"bullying"的界定不能仅仅依靠词义本身，还要参考最具权威的奥维斯（Dan Olweus，1987 年）认可的定义：长时间或反复受到一个或几个同伴欺凌或伤害的现象。与一般的攻击性行为相比欺凌具有三个根本特征：

（1）力量的非均衡性。在通常情况下欺凌是力量相对较强的一方对力量相对弱小或处于劣势的一方进行的攻击，通常表现为以大欺小、以众欺寡、以强凌弱。

（2）重复发生性。欺凌者和受欺凌者有时候会在较长的一段时间内形成稳定的欺凌/受欺凌关系，欺凌者会重复地把受欺者作为攻击的对象。

（3）故意伤害性。欺凌并非被欺凌者挑衅引起，而是行为本身具有挑衅性，目的是毫无理由地故意伤害他人，形成一种固定的权力关系。

2.1.2 校园欺凌近义词辨析

"校园欺负""校园欺侮""校园欺凌""校园霸凌"都以校园为前定修饰，并限定"欺负""欺侮""欺凌""霸凌"的发生空间是以"校园"为界，由此可见，区分以上四个概念只需要充分挖掘"欺负""欺侮""欺凌""霸凌"四个词语的异同点。本研究通过检索"中国知网"（http：//www.cnki.net）1995年以来的全文数据库、硕士博士论文数据库和期刊论文数据库，以标题中含有"校园欺负""校园欺侮""校园欺凌""校园霸凌"为"篇名""主题""关键词"，进行精确匹配查找文献，对1995年1月~2018年1月的校园欺凌相关研究进行精确检索和统计分析。以欺负为"主题""篇名""关键词"的文献分别为104篇、80篇、51篇；以"欺侮"为"主题""篇名""关键词"的文献分别为54篇、26篇、12篇；以"欺凌"为"主题""篇名""关键词"的文献分别为1233篇、925篇、290篇；以"霸凌"为"主题""篇名""关键词"的文献分别为181篇、110篇、41篇。

除了根据使用频率来说明"bullying"译作"校园欺凌"的广泛性，本研究还从词源学角度来论证使用"欺凌"作为"bullying"汉语翻译术语的合理性。首先将欺负、欺侮、欺凌放在一组进行辨析，为了理解比较字意，本书根据汉字记载历史，将"欺""负""侮""凌""霸"五个字的字形演变过程整合起来，以供比较研究（见表2-1）。

表2-1　"欺""负""侮""凌""霸"的字形演变过程

汉字	甲骨文	金文	小篆	隶书	草书	行书	楷书
欺	待考						欺
负	待考						负
侮							侮
凌							凌
霸	待考						霸
形成期	商代	商代后期	春秋战国	战国晚期	汉代	东汉末	汉代末

"欺"为形声字，金文形体。右（欠）形左（其）声，"欠"是个部首字，由"欠"字组成的字大抵都与人的嘴巴有关（人张口，骗人也用口），如"歌""饮"等，由此"欺"字和喘气、说话相关。在《古代汉语词典》中有两种释义与欺凌有关：第一种是为欺骗、欺诈的意思，如《论语·子罕》中："吾谁欺，欺天乎？"在《后汉书·隗嚣传》中也有记载："鎚不儒血，歃不入口，是欺神

明也，厥罚如盟。"第二种是由欺骗、欺诈引申为欺负、欺凌的意思，如《韩非子·解老》中"虽势尊衣美，不以夸贱欺贫"。根据释义可知，"欺"本身就包括了欺负、欺凌、欺侮之意。

"负"本义为驮载捡拾的贝壳而归，后引申为重物放在背上，担荷之意。因为字形采用"人"作偏旁，字形如一人持守钱贝、有所依仗的样子，延伸为凭借、仰仗的意思。在古代汉语中有十四种释义，具体与"欺"相关联的有两个解释。第一种是遭受、蒙受，详细可见《汉书·邓通传》："夫通家尚负责数钜万。"另一种是依仗、凭仗，例如《史记·赵世家》："先时中山负齐之疆兵，侵暴吾地。"将"欺"与"负"结合起来使用的例子可见《战国策·秦策一》中秦惠王说："苏秦欺寡人，欲以一人之智，反覆东山之君，从以欺秦。赵固负其众，故先使苏秦以币帛约乎诸侯。"此句可以理解为苏秦欺（欺负）寡人……从以欺（欺负、侵扰）秦。赵负（依仗）众（兵力雄厚），故先使苏秦以币帛约乎诸侯。这里有赵国负（依仗）众而欺（欺负、欺压）秦国，有恃强凌弱、以多欺少的含义。在古文中有"欺"与"负"合为一个词语使用的情况，这里的"欺负"表示除了欺凌、侮辱，也表达故意侵害、蓄谋伤害的意思，如《潜夫论·断讼》中："或既欺负百姓，上书封租，愿且偿责，此乃残掠官民而还依县官也。"这里的"欺负"存在一部分故意侵犯性，因此，符合"bullying"概念的恃强凌弱与故意伤害两个特征，但不能表现出行为的多次、重复以及长期发生的特点。再者，欺负的使用偏口语化，在古文中往往使用在戏剧台词中。元杂剧《半夜雷轰荐福碑》第三折中："把似你便逞头角，欺负俺这秀才。"在现代汉语中，欺负的释义为用蛮横无理的手段侵犯、压迫或者侮辱他人，这里囊括了各类欺负行为，泛指侵犯、压迫、侮辱他人，相较于欺凌、欺侮而言，是日常使用频率最高的词语。由此可见，欺负符合部分"bullying"的内涵解释，但并不充分，且使用中以口语居多，不适宜作为学术术语使用。

"侮"字形采用"女"作偏旁，"每"作声旁，在古代汉语中有三层意思。第一是本义动词，表示依仗暴力对被控制的妇女进行欺辱伤害，以暴力欺辱妇女。此解释只见于古文，如《后汉书·班超传》中："蛮夷之俗，畏壮侮老。"第二是轻视、怠慢的意思，可见《论语·季氏》中："小人不知天命而不畏也，狎大人，侮圣人之言。"第三是戏弄的意思，如贾谊《新书·解县》中记载的"匈奴欺侮侵掠，未知息时"。现代汉语中，对欺侮的使用强调对他人人格或名誉的损伤，目的是使对方蒙受耻辱。由此可知，欺侮主要是通过轻慢、怠慢他人继而达到侮辱、戏弄他人的目的，使对方人格或名誉受到损害，即是态度上的轻慢，与行为、肢体上的侮辱有关，且表达的欺凌程度较轻，多用于口语之中。欺侮符合"bullying"中有多次发生及带有侮辱的特性，但欺凌他人的程度较轻，可以充分体现有恃强凌弱的特性。但故意伤害的特点表现不充分，且口语使用较多。故"欺侮"也非"bullying"汉语语境中最适用的学术用语。

"凌"古代同"陵"字,字形采用"左耳"旁,"夌"是声旁。造字本义:动词,拾阶而上,登上高山。如《诗经·雅颂·皇矣》中"无矢我陵"意思为没人再登上我们的山岭高岗。后由"凌"字代替,延伸为凭借优越地位欺侮他人,但该义项只见于古文。在古汉语中,"陵"字有两种与欺凌有关的释义。第一种是凌驾,高居其上。此意可见《礼记·中庸》中"在上位,不陵下"。第二种是侵犯,欺侮之意。《史记·酷吏列传》原文中提到:"宁成者……好气,为小人吏,必陵其长吏,为人上,操下如束湿薪。"这里指宁成好胜心强,做别人的下官时,一定要欺凌管辖自己的长官;做了别人的长官,控制下面的人就像捆绑湿柴那样严苛急切。另可见《后汉书·光武帝纪下》中:"吾德薄不明,寇贼为害,强弱相陵,元元失所。"其中,盗寇为害,强(盗寇)弱(百姓)相陵(凌辱、掠夺),元元(百姓)失所,包括了明显的强弱、多寡的力量悬殊特点,且"陵"的内容不单单指人格的不尊重、侮辱,还包括财物的强取与掠夺。除此之外,"凌"也有不尊重长辈、老人的意思,如《朱氏一脉万世之序》的《家训》中"戒凌长,戒欺弱"指的就是不允许对长辈、老人的不敬以及欺侮,而"欺"指的是不允许欺负、虐待弱者。综上所述,"凌"的意思延伸不仅包括对弱者的欺辱,也包括对长者、老人的不敬或者冒犯。古汉语之中,"欺"与"陵"结合使用也屡见不鲜。如韩愈《送穷文》("子迁南荒,热烁湿蒸,我非其乡,百鬼欺陵。")、《明史·云南土司传·缅甸》("乞命以职,赐冠服、印章,庶免欺陵。")等文中皆有对欺凌一词的记载。"欺""凌"二字联合使用,不仅表示欺负、侮辱,更强调故意侵犯和凌辱性,情感更为深刻,程度更为严重。

"霸凌"以中国台湾地区学术研究使用较多,由"bullying"音译而来,从台湾第一部有关校园欺凌的报告开始一直沿用至今。"bullying"译作"霸凌"除了音译以外,也符合一定的逻辑,但是与"欺凌"一词比较,准确性略差。"霸"形声字,字从雨,声从革肉。"革肉"意为"以皮革裹体",组成起来表示"暴雨如注,如同鞭子抽打身体,而人只能用皮革裹体来抵挡"。本义是指暴雨,后延伸为强暴者、施暴者。古汉语中,"霸"通常指春秋时期诸侯联盟的首领,如《谏逐客书》中"昔穆公求士,西取由余於戎……,遂霸西戎"。"霸"还指强横无理、仗势欺人的人,也延伸为以武力、权势横行的势力,如"日觉儒风薄,谁将霸道羞"。由此可见,"霸"主要是依靠优势,通过暴力、武力方式达到称霸目的。与"凌"组成词语,又增加了对他人的侮辱以及财物的强取与掠夺,这样符合了"bullying"中故意侵害性、强弱悬殊性、重复、多次的凌辱性,但是暴力强制手段往往指的是校园欺凌的直接欺凌方式,如身体欺凌、财物欺凌等,而类似于关系欺凌、网络欺凌这种间接欺凌,不是直接使用暴力进行霸凌;并且间接欺凌的目的并不是"称王称霸",形成"权威",核心在于"欺",用隐蔽的方式实施欺凌行为。除此之外，无论是古代汉语还是现代汉语，都没有"霸凌"一词的记载，无可借鉴其使用背景与意义。因此，"霸凌"与"欺凌"比较，"欺凌"一词更符合"bullying"汉语语境下的学术翻译使用标准。

"欺负""欺侮""欺凌"这一组近义词都指使用无理的手段侵犯、侮辱他人，不同之处是"欺负"的意义宽泛，包括侵犯、压迫或侮辱等，程度可轻可重，虽然符合"bullying"中强弱悬殊存在对比以及故意侵害、蓄谋伤害的特点，但不能表现出行为的多次、重复，带有虐待性的特点。加之"欺负"一词日常使用频率高，过于口语化，不适宜作为学术用语使用。"欺侮"着重于侮辱，多指用轻慢的态度欺负人，程度较轻，往往是态度上的轻慢，目的在使对方人格或名誉受到损害，多用于口语之中。虽然"欺侮"符合"bullying"中的侮辱特性，但不到多次、反复行为的严重程度，且故意伤害的特点表现不充分，故也非"bullying"汉语语境中最适用的学术用语。"霸凌"主要指依靠优势，通过对他人的暴力侮辱以及财物的强取与掠夺，达到称霸目的。虽然符合校园欺凌的直接欺凌方式，如身体欺凌、财物欺凌等的内涵解释，而类似于关系欺凌、网络欺凌等间接欺凌，核心在于"欺"，而非"霸"。加之"霸凌"一词在汉语发展过程中没有可追溯历史，属于音译的舶来词，但不符合"bullying"汉语语境下的学术翻译使用标准。

"欺凌"指严重地侵犯、侮辱他人，除了人格的不尊重、侮辱，还包括财物的抢取与掠夺。对象上不仅包括对强者对弱者的欺辱，强调对象之间的力量非均衡性；也包括对长者、老人的不敬或者冒犯，强调侵犯行为的故意伤害性。古汉语之中就有"欺凌"词语的结合使用，且二字相叠加重了欺负、侮辱程度，更符合"bullying"汉语语境下的学术翻译的要求。

2.1.3 校园欺凌相近概念辨析

当确定了"欺凌"是"bullying"汉语的最准确、合理释义之后，接下来讨论"校园欺凌"（school bullying）相近的概念，即攻击行为（aggressive behaviour）、同伴侵害（peer victimization）、校园暴力（school violence）。

攻击行为（aggressive behaviour），即攻击，也称侵犯或侵犯行为。西格蒙德·弗洛伊德（Sigmund Freud，1915 年）认为，人的攻击行为是本能的、无意识的，是死亡本能的必然产物，由潜意识中的本能力量决定。洛伦兹（K. Lorenz，1987年）也持相似观点，并指出了攻击行为对物种保存的意义是："它的后果时常和祈死愿望的后果一样，如同其他的行为一样也是一种本能，在自然情况下，它也和其他本能一样对个体和种族的生存有很大的帮助。"目前，对于攻击的定义始终未能获得一致的意见，普遍接受的观点是，攻击是有意伤害他人的行为（Crick、Gropeter，1995 年）。国内对于攻击的研究（叶茂林，2005 年）认为攻击是以生物体为攻击对象，具有明确的故意伤害意图且不被社会规范所接受的行为，即攻击行为是任何一种意在伤害想躲避这种伤害的个体的行为。奥维斯将校园欺凌视为攻击行为的一种特殊类型，两者共同点是故意伤害他人的不被社会规范接受的攻击行为（Olweus，1978 年）。区别在于，攻击不强调双方的力量悬殊、强弱对比，往往是两个力量均等之间的冲突而引发的侵犯行为；同时攻击行为对象不固定，往往是单次、猛烈的暴力袭击为主，而校园欺凌则是以多次发生为特征，在较为固定个体之间发生的以侮辱、虐待为目的的行为。

同伴侵害（peer victimization）也叫同伴骚扰（peer harassment），源于犯罪学研究，是指儿童受到其他儿童侵犯和伤害的经历。霍克与博尔顿将同伴侵害定义为某些儿童被其他儿童攻击的现象，这些有攻击行为的发起者不包括被侵害者的兄弟姐妹，以及重要同龄伙伴（朋友）（Hawker、Boulton，2000 年）。同伴侵害的内涵相当广泛，一次性打闹、暴力袭击、财物掠夺等都包括在内。同伴侵害和攻击行为可以看作同一个行为的两个方面，攻击是实施侵害行为的一方，而侵害则是遭受攻击侵害的一方，两者紧密联系、对立统一。不同的是，同伴侵害是个体同伴交往的一种消极经历，属于儿童同伴关系的研究范畴。同伴侵害与校园欺凌相比，两者之间有重合，也有差异。经历同伴侵害的人往往是经受攻击的被欺凌者，而校园欺凌的参与角色中，既包括欺凌者，也包括被欺凌者（被欺凌者）、旁观者等，涉及的参与者身份较复杂。从遭受侵害行为的年龄上看，校园欺凌要比同伴侵害广。校园欺凌是以物理空间作为分界，因此，可能发生在各个受教育阶段，如中小学、中职和高等教育阶段都会有校园欺凌的发生。校园欺凌的具体形式会随着年龄的增长而发生变化，但在成年之前采用的欺凌方式相对稳定。

校园暴力（school violence）的上位概念是暴力（violence），国外最初对暴力的关注从宗教学开始，而后涉及神经科学、心理学、人类学的研究。国内自 20世纪 90 年代从与美国、日本校园暴力对比研究开始，以司法部立项课题《校园暴力研究》（2001~2003 年）转向研究中国校园暴力系统。自校园暴力研究开始，其概念便常常与校园欺凌的概念交叉使用，视为同一概念，但不可否认两者之间确实存在密切联系。

首先，校园欺凌与校园暴力都不是法律术语，也不是具体的罪名。通常校园暴力会上升到刑事犯罪层面，往往超越学校欺凌的界限，逾越学校的管辖权之外。而校园欺凌行为是否构成犯罪，既要考虑当事者的刑事责任年龄，即 14 周岁以下的人犯罪不负刑事责任，14~16 周岁的人只对八类犯罪承担刑事责任，已满 16 周岁的人犯罪负刑事责任；另外也要考虑行为后果是否达到构成犯罪的标准，比如构成故意伤害罪就需要达到轻伤以上的严重后果。

其次，校园暴力既指发生在校园内的暴力行为，也指发生在中小学幼儿园及其合理辐射地域，学生、教师或校外侵入人员故意侵害师生人身以及学校和师生财产，破坏学校教学管理秩序的行为（姚建龙，2008 年）。中国的校园暴力更具有本土特点以及丰富内涵，根据施害者与被欺凌者的差异，常见有四种类型：外侵型校园暴力（施害者为校外人员，被欺凌人为学生或教师）、师源性校园暴力（施害者为教职员工，被欺凌者为在校学生）、伤师型校园暴力（施害者为学生，被欺凌者为教师）及校园欺凌（施害者为学生，欺凌者也为学生）。由此可见，校园欺凌是校园暴力的一种主要形式，根据《江苏省校园暴力案件情况报告》可知，校园暴力案件中，大约 30% 案件由校园欺凌引发。

校园欺凌与校园暴力的不同之处在于：在欺凌事件中欺凌关系相对稳定，欺凌者与被欺凌者一定是在长期互动过程中形成了稳固的欺凌关系，即欺凌与被欺凌对象基本都是固定成员，多次发生、重复发生欺凌行为；发生原因以故意伤害他人为目的，且欺凌的发生双方一定存在力量对比悬殊，有恃强凌弱的特征。除此之外，校园欺凌形式既有直接方式，如身体欺凌、言语欺凌，也有间接方式，如关系欺凌、网络欺凌等。但暴力事件中的实施者与被欺凌者既可以是存在互动交往的，也可以是陌生关系的；发生原因既可能是蓄意伤害的，也可能是临时起意的，以突发性质为主，往往是单次、独立的暴力事件；暴力中不强调双方的力量悬殊，既可以是势均力敌，也可以是强弱悬殊；暴力发生手段往往以直接手段为主，以武力使对方受到明显的身体伤害或者直接抢夺钱财、物品等。从对欺凌和暴力的发现及识别判断，欺凌事件较为隐蔽，常常难以被发现，常常用玩笑打闹来掩饰；暴力事件则公开不避讳，比较容易识别判断。

校园欺凌虽不同于校园暴力，但二者存在相互转化的可能性。有研究表明，校园枪击事件中，有的施暴者曾经是长期遭受同学欺凌的受害者（Arluke 等，2014 年；Verlinden，2000 年）。长期处于欺凌被欺凌身份的学生会产生强烈挫折感，容易对自己或者他人实施攻击，甚至采取自杀或者报复杀人等极端行为。因此，对于校园欺凌事件处置不当或处理不彻底，也有可能使其在一定条件下转化为校园暴力。

2.2 校园欺凌的行为界定

2.2.1 校园欺凌的行为类型

国外对欺凌行为的界定是大致相同的，包含打、推、踢、掐（拧）等肢体伤害，嘲弄、取笑、取绰号等言语侮辱等，或是做出与对方心意相违背的行为，也包括在意识层面上的人际攻击的类型（Olweus，1993 年）。在具体的分类标准上存在差异，如克里克等人（Crick 等，1995 年）提出了根据行为识别角度分为有意的伤害他人身体和言语威胁他人的"外显欺凌"行为，主要表现为打人、推人、威胁伤害某一个同伴等；以及通过破坏、控制、威胁他人人际关系，达到伤害目的的"关系欺凌"，主要表现把同伴排挤出朋友圈，散播他人谣言等行为。里瑞比（Rigby，1996 年）根据欺凌者与被欺凌者的接触方式，将校园欺凌分为肢体、非肢体、口语与非口语的欺凌形式，而每一类又可以分为"生理欺凌"（"直接欺凌"）与"心理欺凌"（"间接欺凌"）。史密斯等人（Smith 等，2000 年）根据校园欺凌的具体实施方式分成五种类型：

（1）身体欺凌，包括碰撞、踢人、推人等。

（2）财物欺凌，往往包括掠夺和毁损他人财物等。

（3）语言欺凌，包括叫难听或是很伤人的名字、用语言威胁等。

（4）间接欺凌指的是叫人说谎、叫人散布不实谣言、叫人不可喜欢某人。

（5）社会排挤指故意从团体中排除他人、不让参与活动或是完全忽略他人。

台湾儿童福利联盟文教基金会（2004 年、2007 年）根据台湾学生欺凌的行为表现将校园欺凌做了如下的五种分类：

（1）身体欺凌。明确而具体的行为表现，如用肢体行动导致被欺凌者的身体有明显伤痕、抢夺对方物品等，相比较其他类型欺凌，较容易辨认。

（2）言语欺凌。指用语言来讽刺、嘲笑或者侮辱他人，这容易造成视觉范围内看不到的伤口，有时甚至比身体欺凌的造成的心理伤害要严重。

（3）关系欺凌。指切断同伴的社会性连结，或刻意予以忽略，将其排挤到某群体之外。

（4）性欺凌。涉及与性有关的言行，如男人婆、娘娘腔、同性恋等话语，或有意无意的碰触、偷摸某人身上的敏感部位等。

（5）反击型欺凌。意指受欺凌儿童在长期受欺凌之后采取的反击行动，这会显现在其他类型的欺凌情境中。

随着信息技术的日益进步，互联网成为个体生活、学习、工作所依赖的平台。校园欺凌也借助互联网成为不同于身体欺凌、财物欺凌、语言欺凌、间接欺凌、社会排挤的校园欺凌模式。贝尔西（Belesy，2006 年）认为，网络欺凌是指个人或群体使用信息传播技术，如电子邮件、手机、即时短信、个人网站和网上个人投票网站，有意、重复地实施旨在伤害他人的恶意行为。比尔（Beale，2007 年）认为网络欺凌可以称为电子欺凌，是一种新的欺凌形式，包括使用电子邮件、即时短信、网页、投票和聊天室来蓄意对抗或者恐吓别人。这两种定义都说明网络欺凌也与传统欺凌一样，是一种有意的攻击行为。鉴于这种欺凌行为的隐蔽性和匿名性，不容易察觉，其危害性日益增强。

中国也有许多学者对欺凌行为进行了研究，雷雳（2003 年）把欺凌分为身体欺凌、言语欺凌（包括电话或电子邮件方式）和财物欺凌。按双方是否当面进行这种行为，又分为直接欺凌和间接欺凌，即身体欺凌和部分言语欺凌可归为直接欺凌，财产欺凌和另外一部分言语欺凌可归为间接受欺凌。陈世平（2006年）认为中小学的欺凌行为涉及五个方面：

（1）身体暴力形式，是指针对被欺凌者身体上的伤害，如踢、打等。

（2）社会排斥形式，是指不造成被欺凌者身体上的伤害，而是通过间接的方式造成被欺凌者心理上的伤害，如不让被欺凌者参加群体的活动或游戏、孤立或不理睬被欺凌者等。

（3）威胁形式，是指以言语或其他方式（动作、表情等）造成被欺凌者的心理压力或伤害。

（4）破坏形式，主要是针对被欺凌者的物品的侵害，如撕毁被欺凌者的书本，故意损坏被欺凌者的物品等。

（5）言语形式，包含了言语上的直接和间接的伤害，如辱骂、嘲弄、散布谣言、起外号等。

其他分类方式也各有特色，如教育部联合十一部门发布的《加强中小校园欺凌综合治理方案》中指出了肢体、语言及网络等欺凌手段（2017年）。张桂蓉等在研究时分为语言欺凌、身体欺凌、关系欺凌、网络欺凌四种形式（2017年）。韩自强等将网络欺凌单列为一种类型，将除了网络欺凌以外的其他欺凌形式视为传统欺凌（2017年）。

校园欺凌的形式多种多样、名称各异，本书根据校园欺凌的伤害目的将其分为六种类型，即身体欺凌、言语欺凌、关系欺凌、财物欺凌、性欺凌与网络欺凌。其中身体欺凌、言语欺凌、关系欺凌、财物欺凌、网络欺凌是最常见的欺凌行为，而将性欺凌作为校园欺凌的主要类型，是现实环境的趋势以及时代发展的需要。2012~2014年，仅上海中级法院及辖区法院审理的性侵害案件中，被欺凌者共计127人，其中女性125人，占98.43%，且被欺凌者人大部分为不满14周岁的幼女，占总数的74.8%，低龄化特征明显；实施侵害行为的对象中，未成年罪犯共计占37.7%，以在校学生为主。由此可见，校园中性欺凌现象也时有发生。导致这种现状的原因是：在中国传统观念中，父母将"性"视为影响孩子身心健康的内容，不会给孩子普及性知识，而学校虽有相关课程，但也点到为止，造成中国学生性教育的缺失，使得性的问题涂抹上一层既神秘而又具诱惑力的色彩。由未成年犯罪人实施的性侵害，很大程度上与其对性的无知和探索有关，或是因为自我防范意识较弱，或是缺乏正确的性教育和引导，产生行为偏差。并非强制猥亵、强奸等严重刑事案件才是性欺凌，只要是涉及与性有关的事件，都可以称为性欺凌。邓肯（Duncan，1999年）认为在校园内的性欺凌形式包括：以性征取绰号和口语凌虐，对于性发育器官的取笑，散播谣言等具有攻击的观点以及不该有的碰触与对身体的攻击等，对同性恋或者性取向受到质疑的学生的威胁、嘲笑、身体袭击等也是性欺凌的一种形式。史密斯（Smith，2005年）

认为性欺凌的行为包括：辱骂、不雅的绰号，对于外表、吸引力及青春期身体变化的批评与注视，不适当和未经允许的碰触、性影射，陈述色情资料，与在公共墙壁上涂写有关性的不雅内容以及程度最严重的性攻击或性侵害。

本书认为"反击型欺凌"不符合校园欺凌的行为特性，此类攻击性质与正当防卫相似，并不是以故意伤害为目的的，为此不把"反击型欺凌"作为校园欺凌的一种形式。且"反击型欺凌"已融入于各类型的欺凌中，无法独立成为一个单独的欺凌类别，为防止出现概念界定的混淆，本研究不把反击型欺凌作为单独的欺凌形式。目前的分类标准并不能涵盖所有欺凌类型，且同一分类中存在重叠性高、无法理清的困扰。比如，网络欺凌过程中，往往使用文字、短信等进行发布与转载，那么这种文字的传播与言语欺凌相重叠。言语欺凌中的辱骂、侮辱性绰号，和性欺凌的部分实质相交叉。性欺凌中偷摸对方，或者强制发生亲密行为等也属于身体欺凌的一种形态；影射、陈述色情资料也可视为言语欺凌的内容。欺凌行为形式多样，很难进行严格区分。本研究对于校园欺凌的探讨范畴聚焦这六种欺凌类型，可使应用价值更为提升，也更贴近于国内的现况。但这种分类也不是固定不变的，一定要根据分类把欺凌行为归类，因为欺凌往往是以上任何一种或者多种的结合。且校园欺凌的方式因学校的经济条件以及精神特质的不同而有所差异（Ollendick 等，2003 年；Soutter 等，2000 年）。

对于不同欺凌形式的伤害性，不能简单地从形式上区分，每一种形式都有轻微的冒犯，也有极端的伤害。在直接欺凌与间接欺凌、传统欺凌与网络欺凌中，间接欺凌与网络欺凌通常不易引起人们的重视，但事实上它同样会给受欺凌者造成严重的伤害，尤其是持久的心理伤害（Goldstein，2007 年）。任何欺凌形式，都可能会导致一些孩子陷入绝望，步入抑郁处境，甚至尝试自杀。

2.2.2 校园欺凌与嬉笑打闹的区别

儿童会经常玩一些活跃的身体游戏和言语游戏，表面上在成年人看来具有攻击性质的过分行为，如平等地位的孩子们之间的战斗游戏、不合规矩的乱打、戏弄、谩骂，并不是校园欺凌行为。还有一些儿童，尤其是男童，在战斗游戏或打嘴仗失去控制时，通常会以全面的、一次性的身体冲突来结束游戏。身体攻击一旦发生（假设他是殴打、威胁），就可能造成心理上和身体上的伤害。如果这些行为不具有重复性，也不是故意造成伤害，最多被认为是"次欺凌行为"。但也要监管并及时纠正这些行为，防止其频繁发生升级为欺凌行为。

当然，真正实施欺凌行为的学生，可能会将打架或戏弄假装成为娱乐活动，使得欺凌看上去像是势均力敌的冲突（但经过观察可以发现，欺凌发生的双方一定存在某一种形式的力量悬殊对比）。为了达到掩饰目的，欺凌者会对欺凌行为进行辩解，掩盖欺凌相关的特点，让其他人相信这并非欺凌行为。而受欺凌者通常会同意欺凌者关于这些事情的解释：一方面，被欺凌者不能自保才引起欺凌，如若将欺凌行为告诉教师或者家长，可能会引来更加严重的报复；且青春期的学生急于摆脱父母、家长的照顾，希望得到更多来自同伴的支持，而"告密者"通常不被同学所接受，因此，即使需要老师的帮助也往往避而不谈，而是站在欺凌者一方。由此可见老师学会区分欺凌行为、嬉笑打闹可以帮助被欺凌者走出校园欺凌的恶性循环。

克雷格等（Craig 等，2000 年）提出校园欺凌发生地点主要是学校操场、教室、走廊、往返学校途中等，以学校生活辐射范围为主，由此可见老师对于欺凌的监管作用会直接影响到欺凌的发生率。但是在欺凌行为的觉察上存在着师生间的差异性，尼可拉迪斯等（Nicolaides 等，2002 年）发现对于校园欺凌的报告率，58.8% 的中学生承认自己曾被欺凌，而老师认为被欺凌的学生仅占 26%，可见老师对于学生被欺凌的识别明显低于实际被欺凌者的人数，因此有必要加强老师对校园欺凌行为的觉察与认识。为了方便识别，本书借鉴上述观点，从蓄意程度、发生频率、强弱悬殊、面部表情、用力程度、角色安排等八个方面区分"欺凌行为"与"嬉笑打闹"的实质内涵（见表 2-2）。除此之外，本书还在研究二中提供校园欺凌的测量工具，用来识别校园欺凌中的欺凌者。

表 2-2 区分"欺凌行为"与"嬉笑打闹"

行为	蓄意程度	发生频率	强弱悬殊	面部表情	参与意愿	用力程度	角色转换
欺凌行为	明显意图	重复发生	强弱对比	负面抗拒	强制被迫	激进攻击	固定角色
嬉笑打闹	无	不固定	势均力敌	自然正向	自主选择	不用全力	转换频繁

2.3 校园欺凌相关理论述评

2.3.1 国内研究观点

本书对中国校园欺凌的研究阶段的划分以 10 年为时间单位，将国内校园欺凌的发展分为三个时期，第一阶段从 1995～2004 年，是中国校园欺凌研究的萌芽阶段，第二阶段从 2005～2014 年，是中国校园欺凌研究的发展阶段，从 2015 年至今，为中国校园欺凌研究的繁荣阶段。尽管三个阶段已经有大量学术论文，但目前我国对于校园欺凌的认识和对于校园欺凌的研究总体还处在探索阶段，并未形成统一的术语、鉴别标准，对校园欺凌行为测量工具以国外修订问卷为主，缺少本土化欺凌测量工具；而且关注校园欺凌的研究群体较为分散，并未形成具有研究成果丰富的团队开展系统化干预措施的推进。

第一阶段。从 1995～2004 年是中国校园欺凌研究的萌芽阶段，主要在教育学与心理学领域受到关注，研究对象聚焦于中小学学生，主要从欺凌者与被欺凌者个体因素角度探讨校园欺凌问题。从李永连通过欺凌事件介绍日本校园欺凌的状况的中日比较研究开始（1995 年）；后有张文新团队就中国校园欺凌问题展开了一系列探究，从引入"bullying"一词以及奥维斯的《欺凌与被欺凌者问卷》（1999 年）开始，使用"欺侮""欺负"作为"bullying"在中国的学术术语。第一阶段国内大部分欺凌研究都在"欺负"术语下开展，包括对校园欺凌发生率、发展特点、发生发展机制、欺凌干预等方面的研究。张立新（2000 年）、王美芳（2002 年）以及谷传华（2003 年）等使用问卷调查法分别从人格倾向、同伴侵害、家庭教养、学校适应、老师态度等角度对我国中小学生欺凌发生的年龄、性别、欺凌类型、态度，以及欺凌者和受欺凌者的同伴关系等方面进行系统的探讨。

陈世平（2003 年）根据《艾森克人格调查表》测量了校园欺凌与个性、心理问题倾向之间的关系，得出欺凌者以高精神质与外倾型为主，而被欺凌者以高神经质和内倾型为典型特征。在心理问题倾向上欺凌者以冲动性、学习成绩差与不良师生关系为导向，而被欺凌者往往以孤独、紧张的同学关系为特征。郑希付（2000 年）从欺凌者与被欺凌者、学校、老师以及家庭背景四个方面对欺凌原因进行分析，认为欺凌者往往在情绪低落、有强势地位时，容易对他人实施欺凌行为；而被欺凌者往往具有身材弱小、成绩较差等特点。除此之外，教师放任型的管教方式以及家庭保护型教养方式更容易诱发欺凌行为。雷雳的研究指出，男女初中生在受欺凌程度上存在较大差异，男生对欺凌、被欺凌的参与高于女生（2002 年）。其中，羞怯、"坏学生"（如不遵守纪律、破坏公物、偷东西、旷课等）、师生关系差、同伴关系不良的男生容易成为欺凌对象，尤其是羞怯特点使男生更容易成为攻击对象，但对于欺凌发生的原因没有全面深入的探讨。王中杰（2004 年）从欺凌与被欺凌者、旁观者这两个群体入手，探讨欺凌的行为特性与同伴关系，为研究提出了新的方向。

从 2005~2014 年，中国校园欺凌的研究进入发展阶段。随着信息化发展与网络的普及，网络欺凌被认为是不同于传统欺凌的欺凌类型，引起心理学、教育学、社会学、公共卫生领域的广泛关注，研究对象从中小学生扩展到学前儿童、职业中学学生以及大学生群体，对校园欺凌问题的研究从个体层面上升到同伴关系、家庭教养方式、学校氛围、班级管理方式以及干预措施等角度。董会琴提出校园欺凌与家庭教养方式紧密相关，欺凌者家庭常采用专制型的教养风格（2005 年）。李晓东等人通过对中小学老师进行问卷调查与访谈，发现老师通常对伤害性的判定以身体欺凌最严重，言语欺凌次之，而间接欺凌最不严重，且对欺凌行为判定与老师对情境严重性的认知有关（2007 年）。赵红霞等人对浙江省 25 所中学调研发现，初中生校园欺凌的发生与欺凌参与者的年级、性别、父母的职业类型相关（2009 年）。杨寅不局限于对欺凌个体的研究，将欺凌行为与班级氛围进行相关分析，发现归属感对初中生欺凌行为有负向影响（2010 年）。肖少北等人根据同伴关系提出小学生的欺凌行为与同伴关系有关，而同伴关系又与性别紧密联系（2011 年）。梁晓燕（2012 年）等人认为学校氛围对欺凌行为的发生有重要影响作用，关爱程度越高，学生参与欺凌行为的可能性越小；反之亦然。李娟（2013 年）等人针对少年网络欺凌问题，对中专生、高中生、大学生三类群体进行分析，发现不同群体之间无显著差异，网络欺凌的发生与性别、上网时间有关。

从 2015 年至今，中国校园欺凌的研究进入繁荣期，研究论文呈井喷式爆发，仅 2015~2017 年发表的论文就超过了前两个阶段发表的论文总数。对于校园欺凌的研究，受到了法学、犯罪学、政治学、传媒学等多学科的关注，对校园欺凌的含义、类型、特点、影响因素、干预措施进行了广泛讨论。校园欺凌研究的繁荣一方面是社会发展背景下教育失范的必然，另一方面也是国家政策起到的导向作用。自 2015 年 6 月开始，国家先后颁布了四部与校园欺凌相关的法律法规，其中包括《关于进一步加强对网上未成年人犯罪和欺凌事件报道管理的通知》《关于开展学生欺凌专项治理的通知》《关于防治中小学生欺凌和暴力的指导意见》《加强中小学生欺凌综合治理方案》，涉及部门从网信办、国务院督导办到教育部以及相关十一部门，本书也对四部法规进行了比较分析，从国家政策方向把握校园欺凌的发展脉络，详细可见附录 2。从这之后的研究主要集中于对欺凌原因以及影响因素与干预措施等方面，如蔡连玉（2016 年）、章恩友（2016年）、李燕秋（2016 年）、苏春景（2016 年）、姚建龙（2017 年）等分别对校园欺凌中个人、家庭、学校等主体的影响进行探讨分析。除此之外，这一阶段的研究也更加深入，引入中介变量探讨校园欺凌与某个因素之间的关系，如韩磊等认为，羞怯通过被欺凌与自我控制的完全中介作用来影响个体的欺凌行为（2016年）。李伟等在研究网络欺凌与父母教养方式时发现，少年隐性自恋在父母拒绝、情感温暖以及过度保护三种不同教养方式中对于网络欺凌的发生起到部分中介作用（2016 年）。褚晓伟等认为初中生被欺凌直接导致社交焦虑，又通过社会自我效能感产生间接影响作用（2016 年）。黎亚军等认为青少年的欺凌经验对自杀有显著影响，其中抑郁具有中介作用，且中介作用存在性别差异（2016 年）。田录梅提出不良同伴交往可以预测青少年欺凌行为的发生，但也受到个体自我控制能力的调节（2017 年）等。综上所述，目前对于校园欺凌的研究主要集中在三个方向：

一是对校园欺凌行为发生的频率、类型、性别差异、性质等进行研究；

二是探索校园欺凌的成因，包括欺凌者和被欺凌者的人格特征、气质特征、人际交往特点、自尊水平和家庭环境、学校环境的关系等；

三是校园欺凌的干预性研究，探讨家庭、学校、社会对欺凌行为的干预方法。

2.3.2 国外研究观点

国外较早在文学作品中就描述过欺凌行为，即年长的粗暴的孩子打较小的以及较为聪明或者在某些程度上不太合群的孩子（Hughes，1982 年；Dickens，1966 年）。在北美洲，20 世纪 90 年代末公众对校园欺凌的关注度急剧增加，在尼尔马尔和蒂姆菲尔德（Neil Marr、Tim Field，2001 年）合著的《游戏中引起的死亡》中详述了 16 个儿童由于校园欺凌引发的自杀案例。同时，丽娜-维克事件（1997 年）和科伦拜大屠杀（1999 年）使得欺凌受到了前所未有的关注。马克斯韦尔等人对新西兰北岛不同类型学生的研究表明，除了亲人的离世，被其他孩子欺凌是令人极端痛苦的经历（Maxwell 等，1977 年）。

20 世纪 70 年代奥维斯采用欺凌问卷对挪威 715 所学校 13 万名 8~16 岁的中小学生进行调查研究，发现大约 15% 的儿童"有时"或"经常"卷入欺侮行为，其中约 9% 为受欺凌者，7% 为欺凌者。之后，一些研究者使用奥维斯的问卷或自编的类似问卷开始对本国的中小学生进行调查，如英国的惠特尼和史密斯（Whitney 等，1993 年）对近 7000 名中小学生进行调查；在其他国家，如爱尔兰、芬兰、苏格兰、西班牙、荷兰、比利时、葡萄牙、加拿大、美国、日本和澳大利亚等国也有相似的调查和研究。英国的博尔顿等用同伴提名的方法，发现 8~9 岁儿童中欺凌者占 13%，被欺凌者占 17%，中学生的欺凌发生率略低于小学生（Boulton，1994 年）。在意大利，梅尼辛等发现 40% 的小学生和 28% 的中学生有时或经常被欺凌，小学和中学的欺凌者分别为 20% 和 15%，约高出英国统计数字的 1 倍（Menesini，1997 年）。在澳大利亚，每 6 个或者 7 个孩子一周至少有 1 个被欺凌一次，其中 20.7% 为男生和 15.7% 为女生（Rigby 等，1999 年）。桑德斯等（Sanders 等，2004 年）指出，欺凌被认为是美国学校中发现的最重要的攻击形式，对学生具有负面影响。有研究通过对超过 15000 名年龄在 6~10 岁之间的美国学生所做的调查，结果显示，29.9% 的学生涉及经常性的欺凌，其中 13% 为欺凌者，10.6% 为被欺者，6.3% 为两者兼有（Nansel 等，2001 年）。贝尔西（Belesy，2007 年）认为，网络欺凌是指个人或群体使用信息传播技术，如电子邮件、手机、即时短信、个人网站等，有意、重复地实施旨在伤害他人的恶意行为。史密斯认为网络欺凌是个体或者群体使用电子信息交流方式，多次重复性地伤害不容易保护自己的个体的攻击行为（Smith，2008 年）。这些定义都认为网络欺凌和传统欺凌一样，都是一种有意的攻击行为。

在对校园欺凌进行大规模问卷调查之后，从 20 世纪末，国外犯罪学领域开始对校园欺凌进行研究，欺凌被认为是青少年的异端行为，学者们开始使用紧张理论、社会控制理论、低自我控制理论、不同接触理论等来探究校园欺凌的影响因素。相比国外，国内的研究还处在探索阶段，以经验研究和思辨为主，缺少科学的研究方法以及基础理论，而国外对于校园欺凌的系统研究理论以及方法值得借鉴与引用。下文将逐一介绍这几种理论的主要观点以及研究进程。

紧张理论（stain theory）认为，犯罪和少年犯是人们在不能获得合法的社会和经济成功体验时感到挫折和愤怒（即"紧张"）的产物。该理论最早由默顿提出并应用在犯罪学研究中，认为当个体无法以制度化手段获得代表成功的财富时，会导致紧张，继而选择不合法手段实现成功目标（Merton，1949 年）。后经阿格纽的发展，提出一般紧张理论（general strain theory），该理论认为消极的人际关系会产生消极情绪，进而促使个人实施越轨行为（Angew，1997 年），由此扩大了紧张的范围，认为除了不能实现的价值目标之外，应激性生活事件（如身体惩罚、家庭冲突、学业失败等）和某些负面情绪（即愤怒、焦虑、抑郁）都会引发攻击行为。有研究表明（Batsche 等，1994 年；Espelage 等，2000 年），青少年的体罚经验，如父母与老师的虐待、同伴拒绝与校园欺凌行为呈显著相关。此外还有一些研究表明，愤怒与校园欺凌行为紧密相关，因为经历过身体、情感虐待以及被同伴拒绝的学生，更可能恃强凌弱，欺凌他人（Bosworth 等，1999 年）。

社会控制理论认为，人之所以实施犯罪，是因为犯罪可以带来利益、价值与快乐。该理论认为其研究人为什么犯罪，不如去寻找人不犯罪的理由，通过探究一些看起来能阻止犯罪的原因显得更有意义。因此，社会控制理论是用来解释为什么有的人不犯罪，而有的人犯罪的问题。赫希认为，当个人与社会之间的四种联结关系脆弱或破裂时，犯罪行为就发生了（Hirschi，1969 年）。这四种联结关系分别是依恋（attachment）、奉献（commitment）、参与（involvement）、信念（belief）。其中，依恋指的是个体对家庭的依恋以及对学校、同伴的依附；奉献是指时间、经历投入传统教育、职业等的付出；参与是指参与传统活动的专注程度；信念是指对所在群体的价值与道德的认同程度。有研究表明，对家庭依恋程度越深、参与传统教育时间越长、对传统活动专注程度越高、对群体文化越认同，越不容易参与校园欺凌行为（Demaray，2003 年）。

对社会控制理论的研究，渐渐迈向古典理论中有关犯罪人决定论的观点，即犯罪个体是由低自我控制导致的，为了直接、简单的欲望满足而采取冲动、冒险行为以实现目的（Hirschi 等，1986 年），由此形成了低自我控制理论，认为缺乏自我控制的个体很有可能是冲动性的、不敏感的、不负责任的、冒险性的、目光短浅的，所以更容易实施偏差行为和犯罪。有研究表明，低自我控制学生更容易实施校园欺凌行为攻击别人（Vera 等，2013 年；Moon 等，2015 年）。也有研究表明，社会控制中对于校园欺凌影响最大的是参与，依恋次之，信仰与风险贡献较小，低自我控制在社会控制中起到部分中介作用（高山等，2017 年）。

有研究从校园欺凌与父母依恋角度出发，将关注放在儿童早期与抚养者之间的依恋类型上（回避型、安全型和反抗型），认为不同依恋类型影响着儿童将来处理人际关系的"内部工作模式"（internal work model）。有研究表明，在婴儿期形成不安全的依恋，可能会造成儿童在学校里更多的不安全和焦虑，引发欺凌行为（Troy 等，1987 年；Wilson 等，1997 年）。伦肯（Renken，1989 年）也有类似的研究，安全依恋的儿童在同伴交往中可以有效地减少卷入欺凌行为，而回避型与反抗型依恋的儿童则会缺乏自信，表现出消极退缩的行为，较多参与到欺凌行为中。

暴力亚文化理论（subculture of violence theory）是西方犯罪学中专门探讨未成年团伙犯罪与次文化关系的理论，认为暴力是一些群体亚文化中的一个重要组成部分，已渗透到这些群体成员的心理品质之中。尽管暴力亚文化和主流文化之间也存在着规范的冲突，但依然成为群体日常生活极其重要的组成部分（Wolfgang 等，1967 年）。暴力亚文化最早专门用来解释未成年个体暴力行为，而后研究中发现使用暴力解决社会问题是一种文化要素，影响着某些亚文化群体，这些亚文化群体主要来自低收入者或弱势群体（Austin，1980 年）。沃尔夫冈（Wolfgang，1999 年）将暴力亚文化解释为亚文化群体中的一种暴力文化精神，指在某些街区生存的年轻人需要遵循某些行为准则，有效地使用暴力是赢得尊重的一种方式。与暴力亚文化相近的还有街头暴力亚文化、黑帮暴力等概念，而这些理论的共同点都包含亚文化观点，认为这种不同于主流文化的意识形态影响着某些认同这类文化的人或者群体。这类与帮派相关的亚文化在中国青少年团伙研究中都有涉及，并非美国社会独有的现象（张应立等，2005 年；2009 年）。

2.3.3 社会生态系统观点

校园欺凌是个体、家庭、学校和社会等多因素共同作用的现象，本书根据国内外文献成果，提出从社会生态系统理论研究校园欺凌现象。通过构建校园欺凌的社会生态系统模型分析各个因素的相互作用，探讨校园欺凌的风险因素以及保护性因素，建立政府、社会、学校、家庭等各方主体共同参与的校园欺凌风险防控体系。

社会生态系统理论（ecological systems theory），又称人际生态理论，是人类发展相关领域引用最广泛、影响力最高的理论之一，在人类发展理论中也占据重要地位（Thomas，2008 年）。20 世纪 70 年代布朗芬布伦纳（Brofenbrenner，1974 年）将生态学引入社会心理学的发展，改变了儿童心理发展过程特定环境下的单一实验与观察方法，提出了儿童心理是在真实情境中发展成长的观点。而后，他又提出了生态化系统论的概念及方法论框架，指出有机体与其所处的即时环境的相互适应过程受到各种环境之间相互关系影响，也受到这些环境以外更大环境的影响（Brofenbrenner，1979 年）。社会生态理论模型为心理学发展提供了一个的全新的理论视角，提倡在真实环境中研究人与环境的心理与行为。

社会生态系统中，将个体生活与相互作用的动态发展变化的环境称为行为系统。此系统包括微系统、中系统、外系统和宏系统四个层次，四个系统相互重叠、镶嵌，是个体成长赖以生存的环境。根据个体发展行为系统对儿童发展的影响，从直接到间接的过渡对应到儿童生活的微系统到宏系统（Brofenbrenner，2010 年），儿童行为发展的生态环境由四级层次的子系统组成：

第一个环境层次是微观系统，指个体活动和交往的直接环境，这个环境是不断变化和发展的。对大多数儿童来说，微系统仅限于家庭，到入学年龄，学校与家庭便成为对儿童影响最大的微系统。

第二个环境层次是中间系统，指微系统之间的联系或相互关系。主要指的是个人与家庭之间关系（家庭依恋、家庭负性事件等）、个人与学校之间关系（学校依附、学校压力、教师压力等）以及同伴影响等。

第三个环境层次是外层系统，指那些儿童并未直接参与但却对他们的发展产生影响的系统。例如，父母的工作环境、社区关系、大众传媒等。

第四个环境系统是宏观系统，指的是存在于前三个系统之上的主流文化、亚文化和社会环境等。宏系统是相较于微系统、中系统、外层系统而言更加广阔的意识形态系统，它决定个体的价值观与世界观以及行为模式。

布朗芬布伦纳的生态系统理论强调"环境"的作用，但忽视了生理属性对个人成长的影响，忽略了所有环境的核心是个体。而莫拉莱斯对此进行了修正，将社会生态系统分成个人、家庭、文化、环境结构、历史等五个层面（Morales，2004 年）。个人层面包括个体的生理、心理等基本属性，强调人是系统中最核心的部分；家庭层面主要是指家庭的生活方式以及自身特定文化与个体发展的交互作用，如家庭经济条件等；文化层面主要包括社会背景下价值观、社会规范等与文化传统相关的环境氛围；环境结构层面是指对个体、家庭产生影响的政治、经济等意识形态环境系统；而历史层面主要指人类共同体形成的社会发展进程。莫拉莱斯继承了布朗芬布伦纳的生态系统理论，对宏观系统关注较多，忽略了微观系统、中系统中个体与家庭、学校、社区等主体之间的交互作用。

本书根据社会生态系统理论框架，融合布朗芬布伦纳与莫拉莱斯的观点，分析校园欺凌发生机制的影响因素，认为校园欺凌的影响因素主要分四个层次：微观系统指的是个人的属性，包括个体的生理、心理等特征与校园欺凌的关系；中间系统主要考察家庭与学校与校园欺凌的相互影响；外层系统内容包括个体居住的社会环境以及同伴交往的影响；宏观系统从不同于主流文化的亚文化来探讨校园欺凌的发生机制（见图 2-1）。

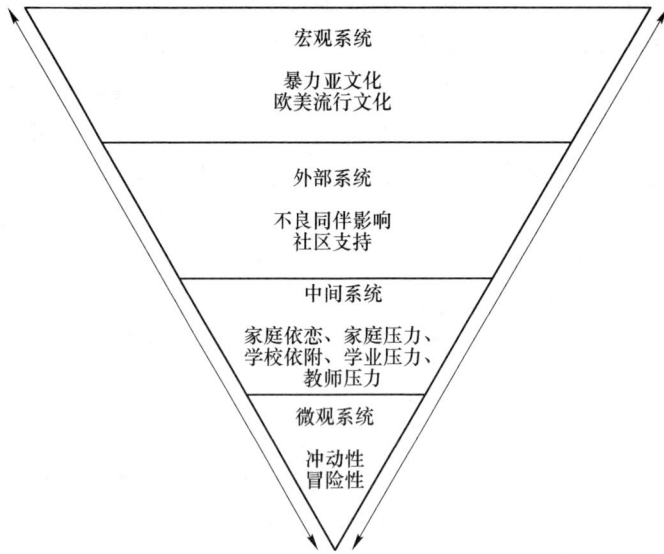

图 2-1　社会生态系统示意图

3 校园欺凌的形成机制

本部分的目的是基于结构化访谈的一手资料采用扎根理论，探析校园欺凌的行为特性、发生原因、相关因素以及应对方式等基本问题。通过了解初中生对校园欺凌的感知与态度，提出校园欺凌动态发展模型。其中，校园欺凌表现形式将为研究二中的校园欺凌行为量表的编制提供科学依据。

本研究采用访谈法与问卷调查法。首先，借由精简版《欺凌情境辨识测验》中四道题目探究初中生对于校园欺凌的看法。《欺凌情境辨识测验》（Bullying Satiations Identification Instrument，BSI）原版是由哈茨勒（Hazler，2001 年）收集超过上百名儿童教育与心理健康咨询师的欺凌咨询经验，依据三项欺凌关键特征重复性、故意伤害性、力量不均衡性编出的 21 道情境题目，由被试者辨认各情境是否为欺凌情境（是或者否），并判断情境中问题的严重程度（1~7 分，1 分为没问题，7 分为非常严重）。卡尼（Carney，2008 年）根据 251 位学校老师以及咨询师情境辨识的作答反应，以最大概率法进行斜角转轴，保留社交、身体、言语三个维度，共 16 题，内部一致性系数为 0.85、0.76、0.76…。邱珍琬（2012 年）等人将其引入我国台湾地区，经过修订形成 BSI 中文版，共 12 题，6 题为欺凌题目，6 题为非欺凌题目。本研究从中文版中选取欺凌题、非欺凌题各 2 题，为访谈提供情境测试。欺凌题目与非欺凌题目男生题目和女生题目各 1 题，情境人物的名字根据被试者分别选女生卷与男生卷，但试题情境与内容完全相同（见附录 3）。其次，采用校园欺凌结构化访谈提纲，考查学生对校园欺凌的认识与态度，包括校园欺凌行为特性、发生原因、相关因素以及应对方式等问题。

正文有部分学生访谈文本，为方便识别，每个访谈样本都有自己的编码。编码由四个部分组成，首先是访谈者身份。"Bu"是欺凌者身份，bully 的简写；"Vic"是被欺凌者角色，victim 简写；"By"为旁观者角色，bystander 简称；"BuVic"是 bully 与 victim 缩写，用来表示欺凌与被欺凌双重身份者；"T"为 teacher 简写，对象是老师。之后是性别，"M"为男性，male 简写；"F"为女性，female 简写；然后是所在年级，07 为初一年级，08 是初二年级，09 指初三年级；最后是个人编号，采用二位数编码，从 01 开始。如 BuVicM0807 编码的学生，指的是一名初二 07 号欺凌与被欺凌双重身份的男生。

3.1 研究对象

从河北定州选取两所中学，城镇和农村各一所，城镇为普通中学，农村为打工子弟学校，为了最大化保证抽样的随机性，两个学校采取两种不同的取样方法。城镇中学随机选择初一、初二、初三年级各一个班，根据花名册随机抽取了18 名学生进行焦点小组访谈。通过访谈，识别出校园欺凌角色，有欺凌者 4 人、被欺凌者 7 人，并随机选取 7 名旁观者，进行一对一深入访谈。这种方法可以较快收集到普通中学生对于校园欺凌的看法，但是典型性不够。农村中学随机选择初一、初二、初三各三个班级，使用同伴提名法，每个班级选出 4 人作为访谈对象，分别是欺凌者、被欺凌者、欺凌与被欺凌者和旁观者；同时每个年级各挑选1 位班主任老师作为老师访谈对象。

介于初中学生青春期自尊心较高、伪装性较强，同伴提名使用的题目采取更加隐晦的表述："班级中，谁经常与同学发生矛盾，经常欺负别人？""班级中，谁朋友较少、不太受欢迎，容易被欺负？"欺凌者与被欺凌者排名前 2 位的，每个班级 4 人，作为访谈对象。在同伴提名中，欺凌与被欺凌两题目中出现同样名字的即为欺凌与被欺凌者。剔除访谈失败的被试者之后，这里指极不配合访谈的被试者 1 人后，有效被试者共计 56 人，人数分布见表 3-1。

表 3-1 有效访谈被试者的年级与角色分布情况（$N = 56$）

年级	学生		学生身份		角色				老师		总计
	男	女	住校	走读	欺凌	被欺凌者	旁观	欺凌/被欺凌者	男	女	
初一	11	3	14	3	4	8	2	1	0	1	15
初二	16	4	20	2	6	9	3	3	0	1	21
初三	13	6	14	3	7	8	3	2	1	0	20
合计	40	13	48	8	17	25	8	6	1	2	56

3.2 研究结果

本研究的研究结果如图 3-1 所示，主要分为四个部分。第一部分细化了校园欺凌行为三个典型的特征，即力量非均衡性、故意伤害性以及重复发生性的具体内涵，并在此基础上提出了欺凌的其他四个延伸特性：普遍性、隐蔽性、侮辱性与难以反抗性。第二部分对校园欺凌中欺凌者实施欺凌行为的发生原因进行归纳总结，分为引起注意型、宣泄压力型、同伴归属型、故意玩乐型以及财物获取五种类型。第三部分，根据访谈资料中学生提供的欺凌者个人特点、家庭特征、同伴交往方式等，总结出校园欺凌的相关影响因素。第四部分用于探讨校园欺凌中学生与教师、家长对于欺凌事件的应对方式。在此基础上发现校园欺凌的发生有一个同伴之间互动交往的过程：欺凌者通过观察发现可以欺凌的对象，经过尝试试探与再次探索确定可以被欺凌对象，不断试探形成稳定的欺凌关系。

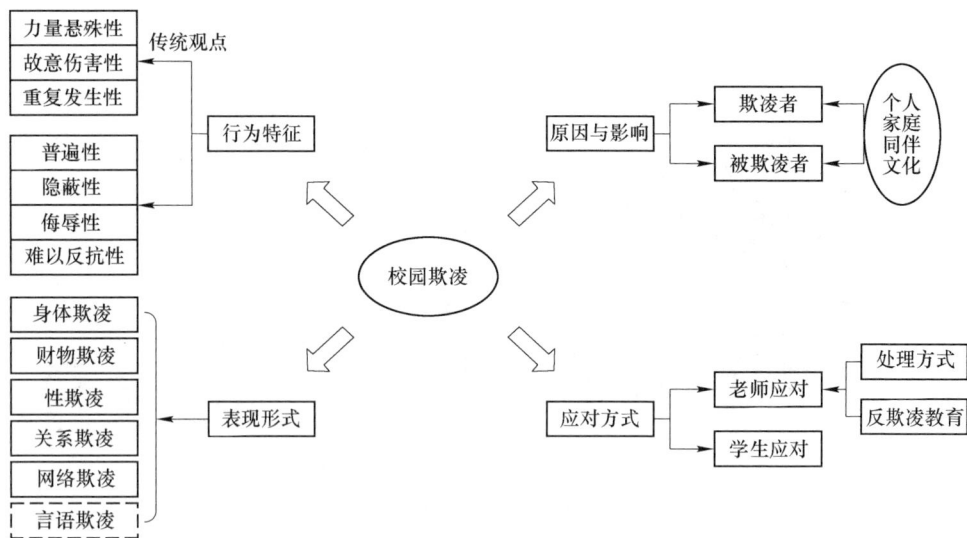

图 3-1　校园欺凌的基本问题研究结果示意图

3.2.1　校园欺凌的行为特性

校园欺凌的行为特性有三个：力量非均衡性、故意伤害性以及重复发生性（Olweus，1994 年）。然而，对这三种特征的具体内涵并没有详细论述。本研究通过使用《欺凌情境辨识测验》，提供欺凌情境来帮助被试者识别欺凌行为，以此探讨欺凌行为特性的内涵表现；并在研究过程中提出了欺凌其他四个延伸特性，即普遍性、隐蔽性、侮辱性与难以反抗性。

3.2.1.1　力量非均衡性

力量非均衡性的特征主要体现在人数优势、生理优势、心理优势以及社会资源优势四个方面（见图 3-2），其中人数优势属于群体因素，而生理优势、心理优势以及社会资源优势属于个体因素。欺凌行为中的欺凌者与被欺凌者明显存在力量不均衡，当人数优势占据首位时，个体因素通常不起作用，即双拳难敌四手。当对象是一对一的时候，个体因素才表现出强弱悬殊的差异。有关力量非均衡性使用访谈提到次数由多到少依次是：以多打少、恃强凌弱、以大欺小等。

（1）力量非均衡性之人数优势。人数优势指的是欺凌行为发生时，欺凌者

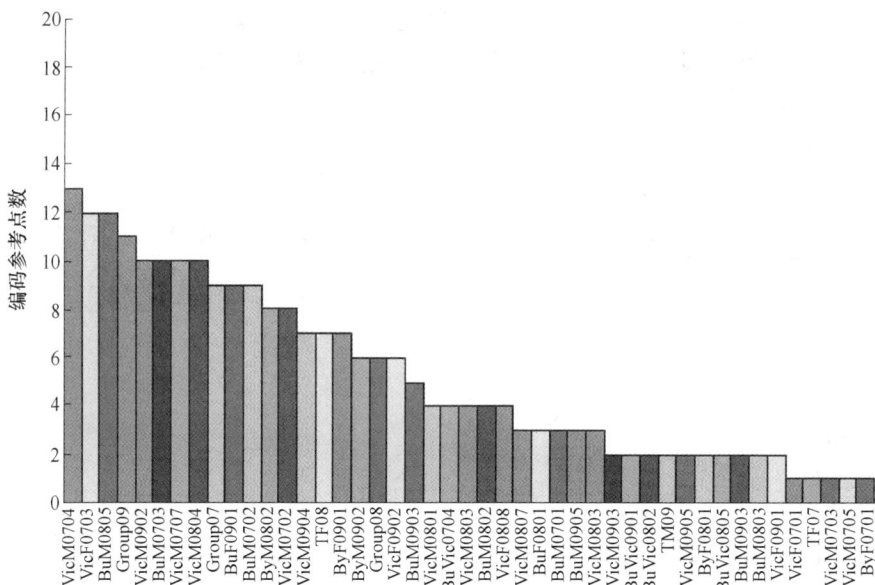

图 3-2 力量非均衡性参考点编码示意图

与被欺凌者在人数上的差异，当人多对人少，以多打少或者一群打一个，三五人打一个时，就是人数优势在力量非均衡性的体现（见图 3-3）。青少年往往心理不成熟，易受到环境影响与蛊惑，对同伴的评价与看法比较在意，更喜欢花更多时间参与到同伴活动中，以此显示自己较好的人缘以及威望。在这种成群结伴的活动中，个人往往产生去个性化过程，更容易产生对群体的感染、模仿、依附等心理因素，以及产生责任分散，表现出冲动、非理性或攻击性的行为；且这种社会责任分散使得欺凌者产生侥幸心理，认为自己并非唯一涉事人，不需要负全部责任。

人数优势不仅仅指直接实施欺凌行为的欺凌者，也包括欺凌行为的旁观者。在过去参与的校园欺凌案件审理中，曾有被告提出自己仅仅是一个旁观者，并未参与欺凌过程，不应被判寻衅滋事罪。校园欺凌行为中，旁观者如若不离开现场或者不采取反对欺凌者行为的方式，就会视为支持欺凌行为，助长欺凌者的人数优势。有研究表明旁观者是校园欺凌行为很重要的因素，他们的倾向与决定能使欺凌行为加剧或是抑制。如果旁观者在欺凌行为中观看或不作任何行动，对于欺凌者而言，会解读为行为无误，被欺凌者得到这样的痛苦是应得的（Orpinas 等，2006 年）。一个典型的人数优势例子如下：

一名初二欺凌/被欺凌者（编号：BuVicM0807）男生回忆：上课的时候，班长不让我讲话，我没有听，下课之后，老师走了，他和经常和他一起玩的几个

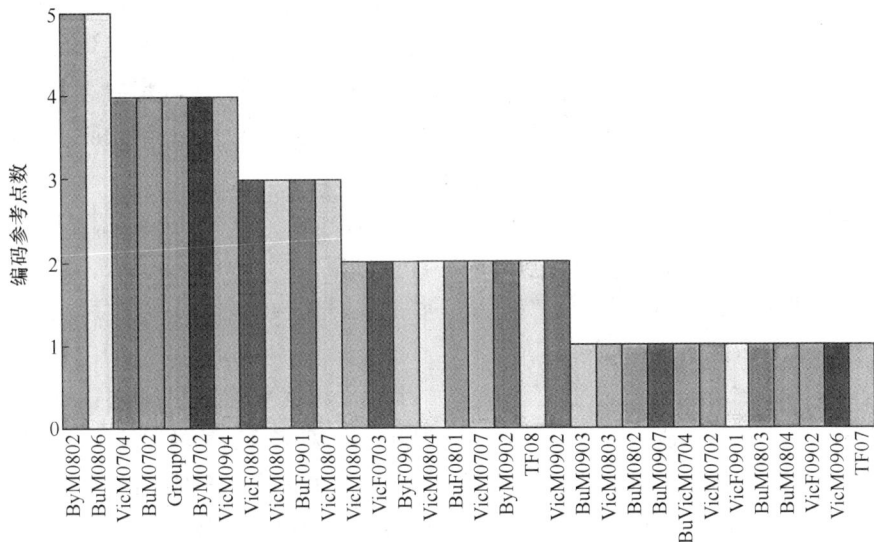

图 3-3　三五成群参考点编码示意图

人，把我拉到教室后排，围住我。我问他怎么了，因为什么，他说没怎么，就是要打你，然后他们就打了我，用拳头打我脑袋，当时把我打晕了，特别疼。

（2）力量非均衡性之生理优势。生理优势是指由人的生理差异造成的力量不均衡，如身高、体重、性别、体型等。当身体强壮对身体瘦弱，均匀身材比例与过胖或者过瘦，身高、体重明显一方有优势，男性与女性，正常学生与一方有轻微或者明显残疾的学生两者发生校园欺凌时，便是生理优势在力量不均衡的体现。欺凌者通常比被欺凌者在身体素质上更高、更壮、力量更强。身高过矮、体重过轻或者过重的学生往往会受到嘲笑等欺凌。通常意义上，男性在身材、重量以及力量上与女性相比存在优势。据统计，2016 年全国普通小学、初中随班就读和附设特教班招收的学生为 5.18 万人，分别占特殊教育招生总数和在校生总数的 56.60% 和 55.06%，超过半数的残疾儿童在普校随班就读。实际上，某些特殊儿童，不但学业上不能完成要求，而且有时还会干扰正常的课堂秩序，做出一些"侵害"其他同学的行为。由此，在同伴中形成不良的互动交往，也成为校园欺凌的被欺凌者，或成为欺凌/被欺凌者的双重身份者。

一名初二欺凌/被欺凌者（编号：BuVicM0803）男生回忆自己被欺凌的场景：我的手指有点小残疾，经常被同学欺负，我被人骂过，嘲笑过，他们还经常抢我东西，笑话我。有时候斗斗嘴而已，不一定打架。但有时候是因为他被家长老师骂了，特别生气，刚好我有说错话惹到他了，他就会叫人打我，侮辱我，把我的隐私说给别人听，摔我的文具。

（3）力量非均衡性之心理优势。心理优势指的是个体心理成熟度、处事能力、性格等造成的力量非均衡性。通常有两种不同的形式。第一种是年龄大对年龄小，即高年级对低年级。年龄稍微大的学生，在知识储备、环境熟悉度、处理事情能力上占优势，相对于年龄较小的学生存在优越感。另外一种是除了年龄以外，性格强势与性格懦弱、胆子大与胆子小的差别。

一位初二欺凌别人的女生（编号：BuF0801）说：欺负人的学生身高不一定，有高的，也有矮的，性格比较开朗，喜欢打架，胆子一般都很大，学习成绩一般。会抽烟喝酒，顶撞老师，专门挑一些老实、比较怕老师的学生欺负，尤其是去初一学生那里要钱、要东西。

（4）力量非均衡性之社会资源优势。社会资源优势指来自家庭背景、伙伴朋友等社会性资源造成的力量非均衡性。其中，朋友多少，有无高年级或校外不良少年，班干部与否，家庭背景好与坏，与教师关系好与坏等均是社会资源优势的体现。朋友多的，在遇到欺凌情况，可以很好地得到社会支持，不容易被当作欺凌对象；但如果朋友之中有抽烟、喝酒、旷课、逃课、考试作弊、经常打架的不良同伴，成为欺凌者或者被欺凌者的几率大大提高。家庭背景比较好的学生，往往社会资源比较丰富，如果家里溺爱严重，自我中心风格明显，极容易对其他人实施欺凌行为。与教师关系的好坏也是欺凌行为产生的重要因素。访谈中被欺凌者80.3%（$N=25$）的学生与教师关系较差，在被欺凌之后也不会向教师寻求帮助。这样越发助长了欺凌者的气焰，转而寻求更加恶劣、严重的欺凌方式。值得注意的是，有19.04%的欺凌者（$N=21$）提出班干部中存在欺凌别人的情况。比如不听话，被班干部带着其他学生"收拾"；在划定打扫卫生区域时，故意扩大指定范围；强迫跑腿买东西等。

一名初一被欺凌的女生（编号：VicM0706）回答：欺负人的学生身高不一定，没听说人长得胖呀、壮呀的。但是人缘好，反正朋友挺多的，有自己的伙计。家里有钱有势，在学校有关系，有人罩着他。

校园欺凌中的力量不均衡性并不是绝对意义上的不均衡。例如，校园欺凌中男生通常是处于力量优势的一方，但是也有部分女生的身体优势压倒大部分男生。尤其是在初一年级和初二上学期，大部分女生已经完成了青春期发育，实现了身高、体重迅速增长，大脑功能的完善，在身体上具备成年女性的体征，且思维方式、处理事情的能力相比同龄男生更加成熟，因此，在初一年级出现女生撕、扯、打等欺凌男生的情况也是常见的。这时候要具体分析，谁是欺凌者谁是被欺凌者。针对于班干部滥用职权欺凌同学，也不是每个班级都存在此类现象，且只有经常发生，针对固定的人实施欺凌才是真正的欺凌。

3.2.1.2 故意伤害性

对于校园欺凌的特征界定使用了故意伤害性，但故意伤害性往往指的是欺凌一方的行为，对应的也应该考虑被欺凌一方的特点。本研究认为，故意伤害性与受伤害性是一对相互依存的概念，故意伤害性指欺凌者无缘无故、故意找事、没有理由就对别人发起进攻，实施欺凌行为，造成对方生理、心理的不适（见图3-4）。通常，学生主观意识认为欺凌行为很大程度上取决于欺凌发生的原因，即自己在互动中是否存在不当回应，致使欺凌行为产生。校园欺凌中的欺凌身份的学生往往认为，如果被欺凌者做错了事情，惹到别人，受到了攻击，这是被欺凌者理所应当应该受到的"惩罚"。而受伤害性指的是，欺凌/被欺凌者对于欺凌行为的感知，通常是被欺凌者的主观感受。有的学生认为，只要是无缘无故没有理由的欺负，就是欺凌行为；有的学生认为只有打疼了，有一方出现严重伤害程度才算是欺凌。

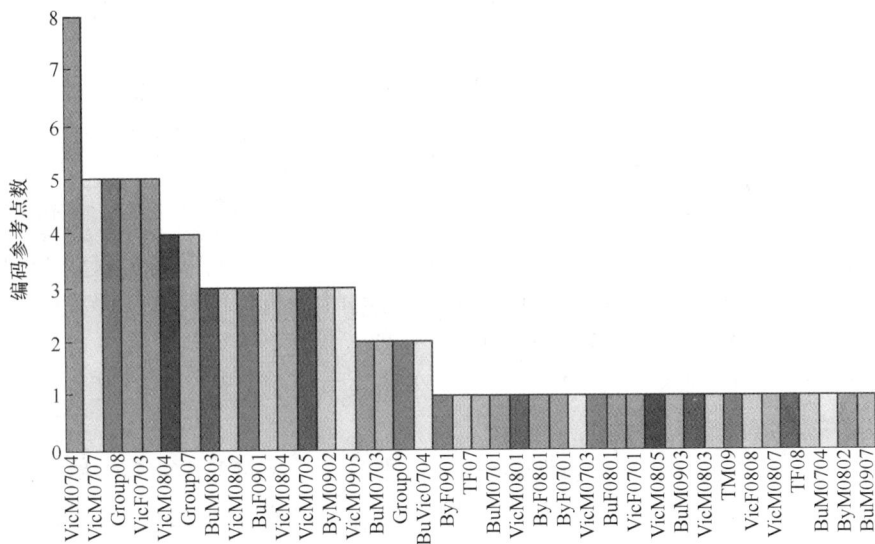

图 3-4 故意伤害性参考点编码示意图

初三某欺凌身份女生（编号：BuF0901）说，如果拳打或者脚踢是两个人之间有矛盾、是两个人之间互相打，这是较量，不算欺凌的。但是如果两个没有矛盾，只是单纯看某个人不顺眼的，故意找事，就去骂人、打人等，这算是欺凌。初三一欺凌/被欺凌双重角色男生（编号：BuVicM0901）回答，是不是欺凌那得看情况吧。必须得看情况，比如说他先动的手，你再返回去那肯定不算，但是无缘无故打你就算了。初三某被欺凌男生（编号：Vic0905）说，我觉得经常性的才算欺凌，平常的时候，同学之间互相捅一下，推一下，那都无所谓，如果总是这样，就算是欺凌了；还有就是，故意的情况下算欺凌，无意的开玩笑，同学之间无所谓，不算。

根据访谈资料，本研究认为故意伤害性有三种类型：另一种是打闹型，有事没事就欺负别人，自身认为是与同学开玩笑，意识不到自己对他人的伤害。

一个初三女生（编号：VicF0901）描述了这样一种场景：有抢东西的，抢东西就是特别特别无聊的那种男生，抢你的东西，抢了你的东西然后还给你，然后又抢。哎，今天早晨就发生一件事，我下课在那正专心致志看一本书，然后过来一个男生就把书顺走了，我还没反应过来怎么回事书就不见了，他就跑了。然后，上课他回来经过我又扔给我了。我特烦他，他总这样。

第二种是有预谋去伤害他人，很明确地要达到要让对方受伤的目的。以欺凌作为自己赢得威望、扩展势力的方式。下面这名初二欺凌身份的男生（编号：BuM0803）就属于典型的第二种类型，除了他的原话，另外印象深刻的还有另一件小事：当使用同伴提名方式，挑选出来这位男生，并去他所在班级叫他参与访谈时，他非常气愤，要求看一下所有人上交的纸条，辨认一下哪些人在纸条中提到自己的名字。

一名初二欺凌身份的男生（编号：BuM0803）丝毫不掩饰自己的欺凌行为，说道：我就是想当老大，从初一就开始到处打架。我打都是找那种扎刺的，哪天看他不爽，就叫一堆人带他去厕所（打他的意思），收拾一下。

第三种情况介于这两者之间，指的是许多欺凌行为往往从小打小闹开始，以故意伤害对方结束。即本意不是伤害他人，却在互动之中升级到了故意伤害的程度。因为这种经常对别人实施小打小闹行为的学生的行为特性与心理特点，所以即使他并不是欺凌别人，但基于自己经常对别人重复上述行为，而导致自身成为典型的欺凌者角色。"打恼了"在某些学生访谈中反复提及，指的就是这种类型下引发的欺凌行为。

对于伤害性的感受上，通常学生认为，第一类学生对他人的伤害性较低，但是连续经常的此类伤害也会成为许多被欺凌学生的困扰。面对此类情况，有的欺凌者会选择反击来捍卫自己的权利，本书并不将这种经常反击他人的行为视为欺凌。而对于第二类故意伤害他人的行为，往往认为更加恶劣、严重。但这种感受往往比较主观，只能根据被欺凌者的陈述进行定性，而非表面呈现出来的情况。由此，对于欺凌行为伤害性的判断仍然要根据被欺凌者的主观感受做决定。

一个女生（编号：VicF0808）说，大家把我选出来，是觉得我被同学欺负，有个男生经常拽我辫子，拉我衣服，还有一次被他惹哭了。但我并不觉得他欺负我，他也经常这样对其他人。只是我从不反抗他，他就有事没事地就打我下，但是都挺轻的，就是戳一下那种。

伤害性往往与欺凌行为相对应，有身体伤害（身体受到伤害，出现轻微或者明显伤痕等）、心理伤害（心情不好、愤怒、难过，甚至引起失眠、抑郁等影响心理健康症状）、财物损害（物品或者钱财受到损失）、人际关系伤害（被排挤、孤立或名誉受损等）。受伤害性存在程度上的差异，有的被试者认为只要动手了，就很严重；有的人认为，总是被孤立、被排挤与被打比起来更让自己感觉自尊心受到伤害。但是大部分学生，无论是欺凌者身份、旁观者身份还是被欺凌者身份，往往都认为打疼了、严重了才是欺凌的范畴（见图3-5）。

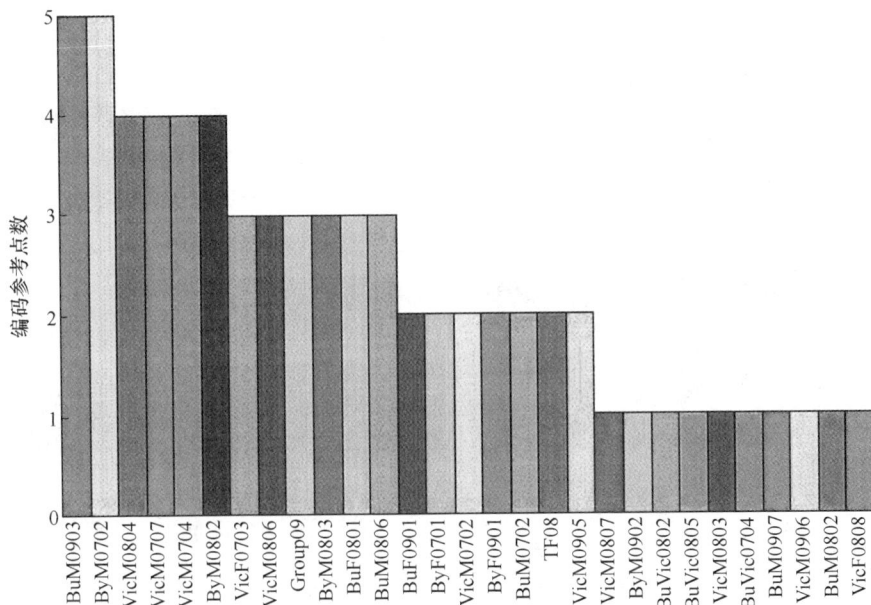

图 3-5　"下手重，打疼了，程度严重"参考点编码示意图

3.2.1.3　重复发生性

欺负行为有时是随机的，但一旦开始形成欺凌，通常会会持续一段时间。欺凌行为大多是重复发生的，在短期或者长期时间范围内多次重复发生。重复发生性也可以解释为经常发生、一周几次，是不同于学生嬉笑打闹、校园暴力的单次攻击行为（见图3-6）。斯维尔认为，欺凌容易形成个人固定不变的特征，即"一日为欺凌者，终身为欺凌者"，或者"一日为被欺凌者，终身为被欺凌者"（Swearer等，2009年）。欺凌的整个过程之所以会形成长期存在、重复发生的特征，是因为校园欺凌存在一定的欺凌者的故意伤害性、计划性，有不同程度的交流互动，形成欺凌的恶性循环。重复发生性一般发生频率较高，即经常发生、一周几次，短期多次以及长期持续等。

一名初一欺凌者身份男生（编号：BuM0702）说，校园欺凌应该是一个人多次欺负比他弱小的人，次数上比较多。另一位初三目睹校园欺凌过程的男生（编号：ByM0903）说，欺凌应该是强壮的人欺负弱小的人，还有就是多个人经常性地欺负一个人。我们班一个男生总被欺负，尤其是男生，谁不高兴了，看他不顺眼就好几个男生一起欺负，就经常多次，固定对他一个人。当然那个女生有时候也会欺负他。一位初二年级女班主任说（编号：TF08）我知道有几个女同学一起群殴另外一个女生，多次发生冲突，一次在体育课上，一次在学校附近的小区里。第一次让女孩下跪，第二次是打女孩耳光，原因是女生之间传话。

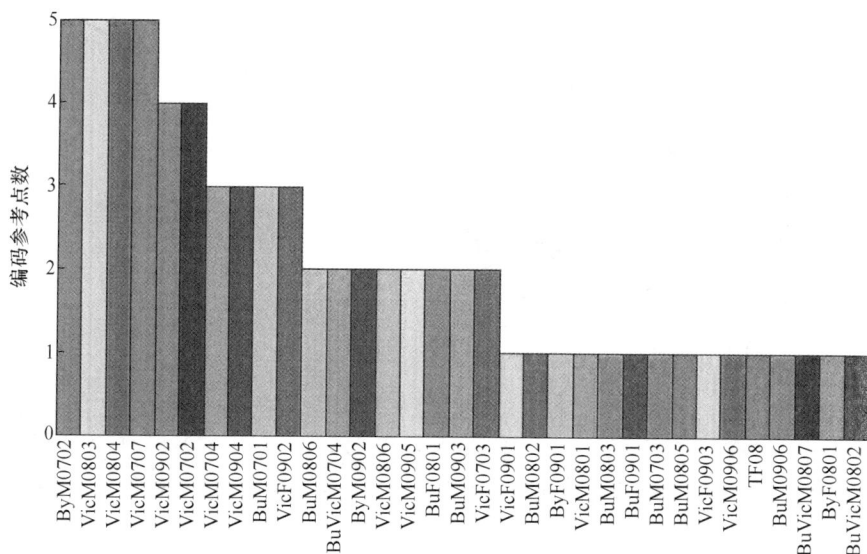

图 3-6 重复发生性参考点编码示意图

这里要区分欺负和欺凌之间的关系。欺负与欺凌之间，欺凌更强调了故意的、多次发生、不反抗等特点。在大部分笔者收集的欺凌行为中，只有多次发生才被认为是欺凌行为。但群殴、围殴他人，用木棒或者棍子等硬物殴打他人两种严重的身体欺凌被认为，即使仅有一次，也是欺凌，不一定多次要多次发生。也有被欺凌学生强调，正常打闹中只有打疼了，下手重了，流血了，这样才是欺凌。但是一旦出手严重，就不仅仅是校园欺凌，往往上升到刑事案件，触犯了法律法规。

用一位初三被欺负男生（VicM0907）的访谈来解释：拳打脚踢了一次，应该算是欺负，欺凌应该指的是以大欺小的，如果是（两个人）互相打一次，不算是以大欺小，应该是欺负。如果是经常性的话，应该是欺凌。一直欺负这个同学，经常性的，而且是故意的，拳打脚踢，我认为是欺凌。欺负就是欺负一个人，而总是欺负一个人，那个人不还手也不告老师，然后就经常欺负她，慢慢就成了欺凌。

重复发生性也可以延伸出另外一种解释，欺凌行为具有稳固性的特点，即欺凌者、被欺凌者与欺凌关系一旦形成，会相对固定、稳定。在校园欺凌行为互动模式中，欺凌者与被欺凌者存在四种关系（见表3-2）。其中，欺凌者固定，被欺凌者不固定，即谁惹到欺凌者，欺凌者便对其实施欺凌行为，属于校园欺凌范畴；欺凌者不固定，被欺凌者固定，即固定的被欺凌者经常受到不同个体或者群体的欺凌，属于校园欺凌范畴；欺凌者与被欺凌者均固定人员，属于典型的校园欺凌模式。当欺凌者与被欺凌者均不固定时，往往只是不以故意伤害为目标的善意恶作剧或者一次性粗鲁的打闹，不属于校园欺凌的范畴。

表 3-2　欺凌者与被欺凌者身份判定

	欺凌者固定	欺凌者不固定
被欺凌者固定	√	√
被欺凌者不固定	√	×

注："√"为符合校园欺凌界定标准，"×"不属于校园欺凌界定范围。

　　一位男生被欺凌者（编号：VicM0809）说，他们欺负主要就是要钱，就是收保费吧，就是他们要钱，然后也就基本上都是固定的，也就是一般都欺负低年级的。同学也是固定的，总是要那几个人的。不给就吓唬、打，总要给的。

　　根据奥维斯（Dan Olweus，1987年）对于校园欺凌力量的非均衡性、故意伤害性、重复发生性三个根本特征的定义，本书予以证实。但是在研究论证中还发现校园欺凌另外四个延伸特征，即普遍性、隐蔽性、侮辱性以及难以反抗性。

3.2.1.4 普遍性

　　承认校园欺凌的普遍性，是一件非常艰难的事情。学生自身、教师、家长、学校、教育部门以及整个社会都有一种误区，即校园欺凌只存在于"坏学校"中。笔者在与初中学校联系寻找访谈对象的过程中，遇到很多阻碍。首先，多个学校认为学校不存在校园欺凌问题，即使存在问题，话题本身太敏感，出于保护学生隐私不同意进行访谈。在政府连续出台四部规章治理校园欺凌的背景下，向学生询问自身是否经历或者正处于校园欺凌的漩涡中，会影响学校和教师的工作质量以及学校声誉。其次，尽管在访谈前会与学生说明内容仅用于学术研究，对个人信息实施保密处理，但在访谈过程中，学生对录音笔的使用依然心存芥蒂，在说到比较恶劣事件的时候都下意识看一眼录音笔。为了鼓励学生积极配合完成访谈，笔者精心准备了文具礼盒，以礼品奖励促进访谈质量的提高。

　　近些年的国际研究成果表明，无论国界、地理位置、文化或政治存在何种不同，学校欺凌都是一种广泛而具体的现象（Carmey 等，2011 年；Craig 等，2009年；Griffin 等，2004 年）。在澳大利亚，每六个或七个孩子中就有一个一周至少被欺凌一次（20.7%的男孩子和15.7%的女孩子）（Rigby 等，1999 年）。在英国，一项由老师和讲师协会发起的对包括 2500 多名英格兰和威尔士的中学生的调查表明，大量的学生都害怕在学校受欺凌，他们都相信老师对这一问题并未察觉，在这些学生当中，1/3 的人承认他们在过去的 12 个月中曾经受到过欺凌，1/4 的人说他们曾在学校受到过暴力威胁，超过 1/10 的人说他们确实受到过袭击。桑德斯和怀（Sanders 等，2004 年）指出，欺凌被认为是美国学校中最重要的攻击形式，与其他形式的暴力行为相比，它影响的学生范围最大。南森等人对超过 15000 名、年龄在 6～10 岁之间的美国学生所作的调查报告显示，超过 29.9% 的学生涉及有节制的或经常性的欺凌（13% 为欺凌的实施者，10.6% 为欺凌的被欺凌者，6.3% 为两者兼有）（Nansel 等，2001 年）。其他的研究也有类似发现，33.7% 的美国小学学生经常在学校受欺凌（Bradshaw 等，2007 年；Swearer 等，2009 年）；1/4 的孩子和年轻人承认，在其就读期间至少有一次欺凌过其他学生（Ollendick 等，2003 年）。

中国台湾儿童福利联盟长期关注校园欺凌议题，历年进行的调查也发现，校园中约六成的孩子曾有过被欺凌的经验，其中一成多的孩子经常或每天都会被同学欺负（2004 年）。另有中国台湾地区学者研究表明，小学欺凌者占 60.2%，被欺凌者占 38.8%，同为欺凌/被欺凌者占 32.8%（邱珍琬，2001 年）。《中国校园欺凌调查报告》指出，语言欺凌是校园欺凌的主要形式。按照校园欺凌的方式进行分类，语言欺凌行为发生率明显高于关系、身体以及网络欺凌行为，占 23.3%。该报告还表示，中部地区校园欺凌行为发生率最高（占 46.23%），高于西部、东部、东北地区。

给出的这些例子并非要表明提到的这些国家比其他国家存在更为严重的欺凌问题，而是无论国界、地理位置、文化或者政治制度有何不同，校园欺凌都是一种广泛而具体的现象。正如史密斯所说，一所学校教育制度化的出现就必然引起欺凌的发生（Smith，1999 年）。在访谈涉及的两所初中学校中，56 名被试者不管是否亲身参与过校园欺凌行为，每个人都可以说出几个自己亲眼所见的欺凌事件。由此可见，校园欺凌的发生存在于任何地方、任何学校，区别在于欺凌的细节而不在于是否认同欺凌随处发生这一事实。承认欺凌的存在是制止欺凌发生的第一步。

3.2.1.5 隐蔽性

隐蔽性指的是校园欺凌行为发生时，有避开教师、同学以及其他成年人的意图。校园欺凌的隐蔽性主要通过欺凌地点的选择来体现，以人少的地方、没有监控，没有教师或者其他大人的校内场所以及学校周边隐蔽、缺少家庭监护的地方为主（图 3-7）。之所以选择人少的地方，是担心人多的地方容易有学生制止；且容易被其他同学报告教师，制止欺凌行为，或受到处分。同时被欺凌者在这种

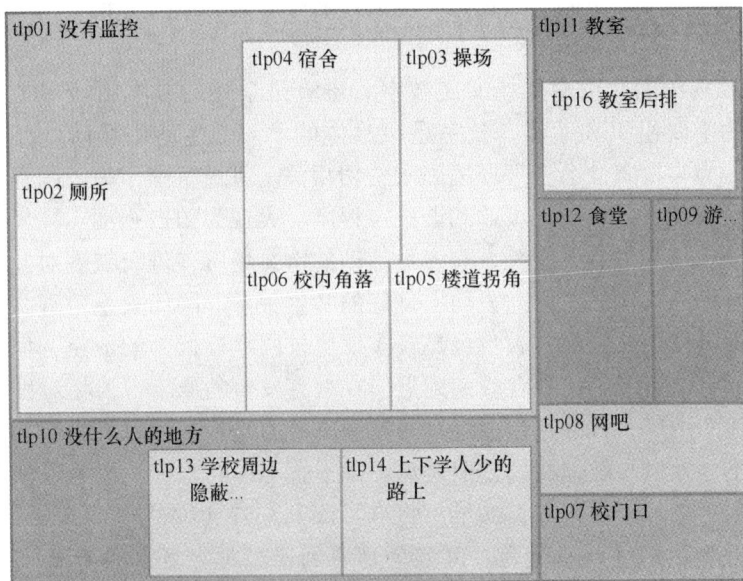

图 3-7　校园欺凌发生地点示意图

情况下不容易摆脱控制，欺凌者可以尽情实施欺凌行为，充分折磨。隐蔽性还表现在仅有极少数量的欺凌事件被教师们发现或进入教师的关注视野，由此可见报告出来的欺凌只是冰山一角。

一名欺凌身份的高个子初一女生（编号：BuM0702）说，欺凌常常发生在楼梯拐角、厕所、（教室）后座、垃圾场、宿舍、放学回家的路上，还有门口草丛、门后，这也是看不见的地方。因为老师不经常去，平常也没什么人，去的人少，不易被发现。那里没有其他人聚集，没什么人在那里闲逛。

（1）校内校园欺凌重要场所之厕所。在中国校园欺凌重要场所中，厕所为每一位访谈者都提及的欺凌地点。即无论是教师还是学生，皆视校园欺凌中厕所为重要场所点。初中学校校园建设中，学生的教学楼与教师的办公室往往存在一定的物理距离，这样是为了课间时间教师可以得到充分休息，不至于被学生打扰。学生使用的厕所与教师使用的厕所也往往是分开的，因此教师不会对学生厕所发生的事情进行监管。加上厕所不能安置监控摄像等仪器，不管是人防还是物防，都对厕所这个特殊的地方起不到作用，会频频出现学生在厕所抽烟、打架的现象。令人痛心以及震惊的延庆二中学生受辱事件中，被欺凌学生在厕所的蹲坑旁，用手抓起了坑内的粪便，被强迫舔沾有秽物的手；同时，拍摄者不时飙出脏话，并手持棍棒敲打被欺凌者。

一名初一男性欺凌者（编号：BuM0702）回忆发生欺凌的地方说道，厕所、教室里面，人少的地方，监控和老师看不见的地方。教室里有老师，不会发生，老师不在，会发生欺负同学的现象。厕所还有个好处，叫人方便，地方小，一下子就把人堵住，跑不掉。

（2）校内校园欺凌重要场所之教室。班级是学校的基本组成单位，是学校各项活动的主要组织和载体。教室是最具体的学习、生活的场所。已有研究表明，欺凌行为与校园社会心理环境因素密切相关。班级氛围作为校园社会心理环境的重要组成部分，是指班级的和谐稳定程度，表现为积极互动、频繁冲突等不同层次差异。作为学生人际关系和各类活动的重要场所，班级氛围对儿童社会行为的影响是极为重要的。研究表明，良好的师生关系、同伴关系对青少年的亲社会行为有促进作用。因此，教室也是较多发生校园欺凌行为的地点，但由于在场学生较多，且常有老师出现在教室附近，在教室发生的欺凌行为相对程度轻微。

值得注意的是，教师在否会直接影响欺凌行为是否在教室发生。一般教师在场，欺凌不会发生。教师在场，但是对纪律不管不顾的班级，也会在教师面前发生欺凌行为。教师不在教室，如早、晚自习课上，57.14%的学生表示曾经（$N=53$）经历或者目睹过欺凌行为。但如果是遇到连教师在场都不有所收敛的欺凌者，通常还会出现与教师发生口角，甚至是攻击教师的行为。

一位目睹过校园欺凌事件扮演旁观者的初一女生（ByF0701）说，经常发生欺凌的是教室、厕所两个地方，其他地方没见过，因为没有人，或者有人看见，但是一般不会说出去，没有人报告老师。因为我们都觉得"告密"的学生不能用来做朋友。不过也有那种真厉害的，不怕老师，连老师都恐吓，然后就直接被开除了。

（3）校内校园欺凌重要场所之宿舍。宿舍是学生学习、生活、休息的重要场所，宿舍环境是指一个宿舍呈现出来的物理样态以及精神面貌的总和，由自然环境和人文环境两部分组成（王雯，2012年）。自然环境主要包括宿舍的设施、布局、卫生、美化等因素综合作用形成的客观物质环境。人文环境是指宿舍同学间的人际关系。衡量宿舍人文环境好坏的标准是人际关系是否和谐、融洽，是否有利于学习进步与心理健康，而影响宿舍人文环境的主要因素是宿舍成员的性格及人生观、价值观。初中学生宿舍的物质属性基本很难达到人文环境的层次，只满足学生午休、晚休的基本要求，但也是初中住校学生一个重要的社交延续场所。青春期的少年，自我意识萌芽，已经开始注意自己在社会中的角色，对同伴和群体的需要往往超过了长辈的影响，认为自己有能力解决同伴之间发生的隔阂、矛盾，一定程度上降低了欺凌者实施欺凌的社会成本。当在处理宿舍人际关系失败后，由于爱面子的心理，怕"丑事"曝光后背上"不好相处"的名声而被同学抛弃和拒绝，大多时候选择隐忍和沉默，希望维持表面的平静与正常，不会及时向老师反映。

一名初二被欺凌男生（编号：VicM0801）说，我做错一点对不起他的事……比如他拿我东西不还，他就是不还，如果我抢对他来说就是做错很大事。午休的时候，老师在宿舍。我们都住宿舍，我在上铺，他在下铺。我在上铺，他就故意不让我上去。还有，宿舍里应该每天都有刷马桶的，本来是轮流打扫，但他每天都让我弄，逼着我干活，不能不听。他是宿舍长，得听他的。他也检查卫生，只要做了对不起他的事，他就会给你加工作。

（4）校内校园欺凌重要场所之其他。校内校园欺凌重要场所除了厕所、教室以及宿舍之外，还有操场，楼梯拐角，某些角落等人少、隐蔽的地点，这样的地点，都有缺少监控、老师较少出没的特点；还有网吧——名副其实的"黑网吧"，即不符合国家要求，不遵守相关规定运营的网吧。按照目前法律规定，18周岁以下的未成年人在没有监护人陪同下不得进入网吧（2011年）。由于这些"黑网吧"本来就是对学生欺凌监控最少的地方，故也是校园欺凌行为的重要场所。

一位初三被欺凌的男生（编号：VicM0903）解释操场容易发生欺凌的原因是，操场上没监控，而且操场那么大，容易浑水摸鱼，没人注意那些地方。另一位初一被欺凌者男生（编号：VicM0705）说，他们一般对我拳打脚踢，然后骂别人，起外号，一般拿我的父母名字或者性格啥的（起外号）。一般都在宿舍，然后楼道拐角处，那个厕所，没有监控的地方。

当然也有学生提到校门口、食堂这样人口密集的地方也容易成为欺凌发生的地点。原因可以解释为：如果学生之间出现矛盾，会提前蹲守在学校门口，等到放学的时候，几个人直接把另外那个学生胁迫带走，带到偏僻的场所，实施欺凌。另一种解释是在校门口、食堂这种人口稠密的地方，浑水摸鱼打别人，使得对方反抗，暂时占据攻击"上峰"。但校门口、食堂在笔者看来只是一个中介地点，而发生欺凌的场所依然主要是人少空旷、没有监控、没有老师和家长的校内外隐蔽场所。

一位初二年级男性欺凌者（编号：BuM0803）回忆说，我一般都在操场、厕所、宿舍、楼道、墙角、校门口、网吧、游戏厅，没什么大人的环境，在楼梯拐角没人的时候行动。另外一名有旁观欺凌经验的男生（编号：ByM0803）说，因为人多了就会叫有正义的人出来阻止的。就算是在人多的地方，他们都是带人去的，把人弄走，一堆人把人（被欺凌者）围在那，不让外人靠近。一位女班主任（编号：TF08）解释，有些是有计划的，所以会有校外人员参与，会在校门口堵截，有的会被拉到学校对面的小区院里或者是对面的电影院楼道里，掩人耳目。有些是本班级的同学或者是校内同学发生冲突，直接就会选在校园里。但也都是选人少的地方，怕老师或者熟人看见，也知道这样做是不对的，所以不敢见光。

3.2.1.6 侮辱性

侮辱性指校园欺凌过程中，通常选择自由支配时间较长的大课间（30min 左右）、午休或者放学后。不单单是实施欺凌行为，还强调充分的时间、力度，起到侮辱对方的效果。

初三一旁观身份女生（编号：ByF0901）提到欺凌的时候说，有故意伤害性也有随意性。就是在没有被惹到或者没有爆发脾气的情况下，可能很多同学在一块，然后可能路上碰见他或者怎么样，就想让他出来搞笑一下，就是比较随意，图个痛快，想什么时候就什么时候。另外这个时间和地点选择上，一般就是在自习课或者反正就是在没有老师的情况下，基本上不会被人发现的时候。找那个人发泄，一般都选大课间，因为时间长，想怎么欺负就怎么欺负。一名初二欺凌者身份男生（BuM0803）回答为什么要欺负别人时说，一种乐趣，好玩，觉得自己厉害，让别人不敢惹自己，看他不顺眼、不爽，看他猖狂，看着他不顺眼，想打他，撒气啊、报复。经常打架、捣乱、上课不听讲、旷课、学习不好、收保护费、夜不归宿、去网吧打游戏、喝酒抽烟、上课玩手机，都是些狐朋狗友。高年级比校外的还多，不是好学生都打架，都是一伙人。遇到别人的东西，想要就偷、抢，不给就打。

3.2.1.7 难以反抗性

难以反抗性指的是被欺凌学生往往在被欺凌过程中，不采取反抗作为措施，一味接受他人的欺凌，并视欺凌为"惯性"而默认接受别人的欺凌行为。

初一旁观男生说（编号：ByM0702）就是大家经常都欺负某个同学，我们是小升初，小学时候就经常欺负他。因为我们班一个男生特别强壮就总骂他，藏他凳子，拿他东西，有时候他还带着几个男生一起欺负他，就固定这一个人，当然那个女生也会有时候欺负他，他不会还手。被欺凌者不善于表达，他也不会反抗，被欺凌者比较内向，然后这个欺凌者心情不好或者怎么样，没有东西来发泄，可能会发泄到被欺凌者身上，让他在同学面前出丑。欺凌者对被欺凌者欺负一次两次，可能开始这个欺凌者心里边还是有点害怕，但是次数多了之后他还是不反抗，觉得无所谓，越来越没有被欺负的意识。一般是没有反抗，但是它这个欺凌者可能逼到某种程度上他可能会有反抗，但是这种反抗也只是一个短暂性的，就是这件事情过去之后这个被欺凌者还是之前的状态。

3.2.1.8 不道德性

欺凌行为中的道德评判性特征是指欺凌行为受到的道德评判，以及欺凌者和受欺凌者本人的品德水平受到的道德评判。国外的欺凌研究中并没有提到欺凌行为或事件存在道德评判性特征，本研究在访谈进程中偶然发现有的被试者在回答欺凌的原因和评判欺凌者时附加道德评判（图3-8）。本书中，对后半部分被试者进行访谈的提纲中加入了有关道德评判的三个问题，分别是："欺凌行为是不是不道德的行为？""欺凌者和受欺凌者是不是品质不好的学生？"。结果发现，56名被试者的回答涉及道德评判的内容，参考点分布如图3-8所示。在直接回答道德评判性问题的56名被试者中，所有被试者认为欺凌行为是不道德的行为；73.3%的被试者（$N=56$）认为欺凌者是品质不好的学生，23.3%的被试者认为欺凌者的品质不一定不好，3.3%的被试者回答说不知道欺凌者的品质如何，41.7%的被试者（$N=24$）认为受欺凌者具有良好的品质，29.2%的被试者认为受欺凌者的品质一般，12.5%的被试者认为受欺凌者是品质不好的学生，16.7%的被试者回答说不知道受欺凌者的品质如何，这一结论与陈光辉的结论基本一致（陈光辉，2010年）。

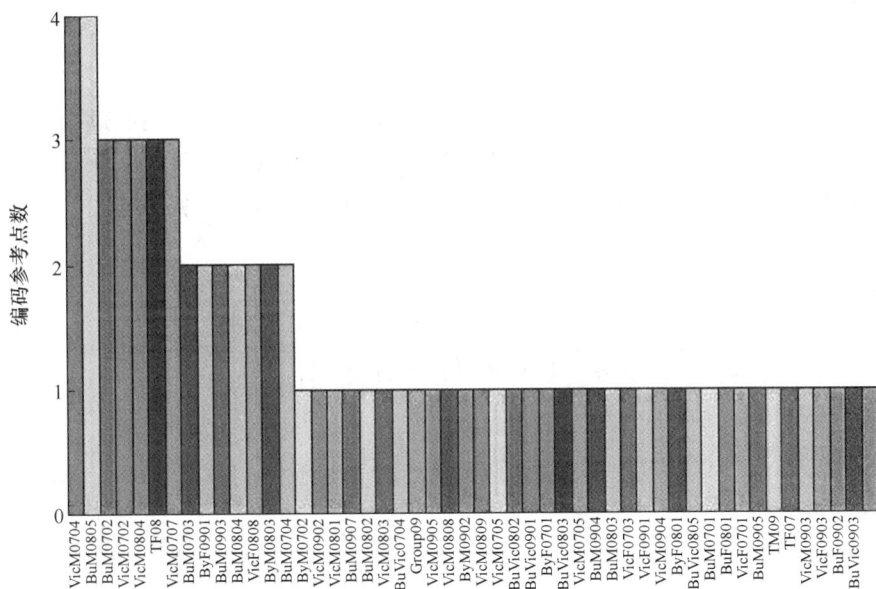

图 3-8 不道德参考点编码示意图

由此可见，欺凌行为会被高度一致地评判为不道德的行为，欺凌者同样会倾向于被评判为品质不好的学生，只有少数被试者认为受欺凌者是品质不好的学生。欺凌行为对于大部分学生而言，都会被视为具有不道德的性质，且实施这些行为的个体会经常被认定为不道德的人。只有欺凌者会不赞同这一说法，认为自己有时候欺凌别人是因为某人"特别讨厌"或者"惹到自己"迫不得已的行为。对于受欺凌者来说，受到欺凌往往不是自身品质不好，与自身道德水平无关，欺凌原因可能是性格懦弱、瘦弱等，另外还提到"犯贱"这个特征。认为欺凌行为本身，一定是不道德的，但具体到欺凌者与被欺凌者个体身上，要具体分析起因以及严重性，进行综合判断。国外校园欺凌研究中未涉及道德性相关研究，道德性是否是中国文化中欺凌所具有的独特特征尚待证实。因此，本书未将道德性作为校园欺凌行为特性。

当问到欺负人的同学为什么欺负别人时，一位经常欺凌他人的女生（编号：BuF0801）说，被欺负的惹着他们了，他们自己觉得不痛快，被欺负的人自己犯贱。一名初一男同学（编号：BuM0701）说，欺负别人就是看别人不顺眼、闲的慌、太闲了犯贱，找点事儿干，装老大，显示自己的势力，发泄撒气。另外一名初二男生（编号：BuM0806）回答，可能就是看别人不顺眼，还有就是自己本身贱，觉得生活太无聊了，自己也不学，要是学也不想这事了。还有一名初一女生补充（编号：BuF0701）说，被打的这个人平常嘴巴比较贱，爱说别人坏话，然后一群人上去把他打了一顿，就是犯贱，没别的原因。

3.2.2　校园欺凌的发生原因

关于校园欺凌中的欺凌原因，本书从欺凌者角度入手，根据访谈资料对学生欺凌的心理需求划分类型，认为典型的欺凌者个体心理需求包括以下五种类型，即引起注意型、宣泄压力型、同伴认同型、故意玩乐型、财物获取型，分述如下。

3.2.2.1　引起注意型

校园欺凌的背后，可能是欺凌者内心渴望被关注、期望被关心的需求。狄克梅尔等人认为青少年都有渴望被关心的内心诉求，可能为了引起照顾者的关注而做出偏差行为（Dinkmeyer 等，1990 年），奥维斯（Olweus，1993 年）也认为男生欺凌者可以从暴力行为中获得许多的注意。在原生家庭中，每个人都能得到来自抚养者的关注，当得不到关注时，会采用哭闹、争吵等方式获取父母的关注。而在学校生活中，教师与同学是个体最主要的社交群体，但教师与学生之间的比例差，因此教师不可能关注到每一个学生。通常寻求关注首先通过积极的方式来测试，当发现自己被忽略时只能选择攻击他人这种更容易被发现与制止的行为。这种情况下，对他人实施欺凌行为是一种不正当的引起关注的方式，是学生寻求家长、教师关注的一种试探。

一位初三女生（编号：BuF0901）在说起欺凌原因时，回答道：欺负人的学生一般学习都不好，他们得不到家庭或者是老师的认可，心里面叛逆的心态就越来越重，就会用这种欺负的手段，希望用武力或者一种欺压的姿态解决，以引起别人对自己的注意，刷存在感。另一位学生（编号：ByM0803）说，欺负别人的学生，不学无术，性格都比较外向，虚荣心是比较强的，希望自己走到哪里谁都认识，谁都给他面子，觉得被别人记得特别重要，也不管是好名声，还是坏名声，他就是觉得很有成就感。

3.2.2.2 宣泄压力型

几乎每个学生，不管是欺凌者、被欺凌者或者旁观者都会提到欺凌者"心情不好"这个欺负别人的原因，综合分析后，发现"心情不好"主要指来自与家庭成员、教师、同伴的不良互动引起的负面情绪。在家庭中，不良的亲子关系或者不和谐的父母关系会让学生感到无助与压力。学校中，学业负担与考试压力以及师生关系、同学关系等会直接影响学生的心情好坏。其中，因过往被同学欺负经历而引发欺凌，也属于宣泄压力的一种。在欺凌原因访谈过程中，有几位学生的回答与宣泄压力有关：

一位初一男生（编号：BuM0702）说，欺负别人就是因为心情不好，发泄情绪。看别人不顺眼，想找点事。我有个同学，他父母一闹矛盾，他就在班里发脾气，乱扔另一个男生的书、本子，把他的桌子椅子也都推倒，听说也会动手打那个男生，在学校没见过。他有时候考试没考好，也在班里发脾气，逮谁骂谁。另一位旁观者身份男生（编号：ByM0902）说，我和他是邻居，他经常出去打架，没事就欺负别人，但是他不欺负我。他爸爸经常打他，天天喝酒，喝醉了就回家打他。他妈就抱着他妹妹哭，有时候也能听到他哭。他在家挨打了，他过几天一定会去打别人，他又不敢打他爸，就找那些好欺负的人家打，想泄气。不过想想他也挺可怜的。另外一名初二女生（编号：BuF0801）说，我心里有阴影，我比较胖，他们之前总欺负我，我也不敢还手。实际上，他们有的还没我高，没我壮。后来有一次惹急眼了，我就推倒一个男生，把他的书从教室扔出去了。我就报复欺负我的那些人，凭什么要欺负我，我一定要打回来。

3.2.2.3 同伴归属型

欺凌行为有时是因为自我认可与同伴归属的需求引起，人的社会性决定同伴需求，青少年成长的主要议题是脱离原生家庭的照料走向独立自主，因此更需要同伴的接纳与情感的联系（Dolgin，2010年）。这种同伴接纳过程是一种从自我认可到他人认可的升级。有研究表明，欺凌者依靠欺负不受欢迎的同伴来增加自己受欢迎的程度（Veenstra等，2010年）。其次，就消极层面来看，欺凌有时是为了避免被同伴团体排挤。当同伴中有人对他人实施欺凌行为时，在场学生若不加入欺凌，会担心受到排挤而落单，甚至成为下一个被欺凌者。综上所述，不管是积极或消极地追求同伴归属感，当青少年周遭的重要友伴出现欺凌行为，又因此能满足其需求时，欺凌就可能会逐渐形成该同伴团体所认可的行为。

一位初一住校的男生（编号：BuM0704）说了一次自己帮朋友出头的故事。下了晚自习之后，我就带了几个我们一起玩的去别人宿舍找那个人，大概有七八个，反正宿舍里都是人，我就想带着人过去吓唬吓唬他，没想打他，但他惹着我朋友了。我朋友过来告诉我，让我帮他出气，教训一下，因为那个同学骂我朋友的对象，我就答应我朋友帮他，我朋友对我很仗义，有义气，我也应该够兄弟，够哥们。过去之后，我跟他谈，他态度不好，不想和我谈，我就火了，就打他了，打了他一下，扇了他一巴掌，打完之后，他还和我嚷嚷。他舍友也在场，但是没有帮他，他舍友平时也讨厌他，然后我就带着人回宿舍了。实际上，我当时不怎么想动手的，但是我朋友来找我帮他出头，我应该帮他，做兄弟应该仗义，有义气。另外一名初三男生说（编号：VicM0904），欺负别人，一是能显示自己的能力，在别人心里面树立一个地位，自己是什么样，就是别人不能轻易去惹他；还有就是可能欺凌者心理上或者身体上受过伤害，就是可能是我不在别人面前表现的厉害一点，就害怕别人来欺负他。再者可能心理有暴力倾向，可能欺负别人比较痛快；满足自己的虚荣心，有成就感。有的人就是想当老大，想所有人都服他。

3.2.2.4 故意玩乐型

尽管从概念上可以区分欺凌行为与嬉笑打闹，但不可否认欺凌行为的背后仍有无聊娱乐、找刺激寻开心的成分（Rivers 等，2007 年）。有时候，故意玩乐型欺凌就是通过言语消遣、藏文具、藏桌椅、抢东西且归还等形式来实现。尽管这类欺凌情节并不严重，介于双方之间力量悬殊或者社交资源的差异，被欺凌者往往忍气吞声，不直接反抗，彼此之间仍存在互动；欺凌者只是觉得好玩、排遣无聊，但会给被欺凌者带来生气、痛苦的感受。还有另外一种类型：儿童或青少年缺乏社会交际技巧，往往使用探索性行为去结交朋友，比如男生拽女生头发、裙子等，且每次看到对方的恼羞成怒时，反而觉得更加刺激、好玩。

一名初一年级欺凌男生说（编号：BuM0703），有的就是当做一种乐趣，好玩，觉得自己厉害，让别人不敢惹自己。天天来上学，又不学习，还不能出去玩，就在教室里，我是不是得找点事，搞搞破坏，要不无聊？一位初二年级的女老师说欺凌他人的学生（编号：TF08）一般都是学习成绩不好的学生，在学校显得难受，在学习上找不到优越感，就想从别的事情上找小快乐、小趣味，很幼稚。

3.2.2.5 财物获取型

这一类学生，实施欺凌的原因就是对想要获取的物品或者钱财有占有欲望，使用索要、掠夺等方式据为己有。有的是自身经济基础较差，却又希望拥有与别人一样的物品，所以采用欺凌方式获得理想物品；有的是将财物获取当做一种控制别人的手段，是其他欺凌行为的延伸。

一名初一被欺凌者身份男生（编号：VicM0703）说，有个经常欺负我的，他一没钱的时候就找我要，我不给就会威胁我，我要是有什么新的文具、作业本什么的，他都会抢过去。他也不是用，就是喜欢抢我的东西。另一位同学（Bu-VicM0901）描述欺凌者用了这样的话语：物以类聚，人以群分吧，身高不一定，但基本上应该是个子高的欺负个子矮的，脾气还好吧，不一定特别差。如果是要钱的话，被要钱的对象身体素质一定一般，要不打起来怎么办？

3.2.3 校园欺凌的相关因素

根据访谈欺凌者欺凌行为的发生编码分析，对58个欺凌者特征项目，进行二级编码，提炼出五大核心维度九个因素进行探讨。其中，个人因素方面，主要分为生理因素以及心理因素两项内容；家庭因素包括父母依恋、父母教养方式、家庭压力三项内容；学校因素包括学业压力、师生关系两项内容；同伴因素主要指不良同伴以及参与的越轨行为两项内容；文化因素主要包括非主流文化的影响。此五大核心维度为一级节点，九个因素为二级节点，二级节点从属于一级节点。校园欺凌中欺凌者通常具有以下特征。

3.2.3.1 个人因素

个人因素方面主要从生理角度与心理角度来探析。生理角度上，欺凌者往往身材高大、强壮，生病少、身体素质较好；力气大；也有学生认为欺凌者身材不一，有的高、有的矮，不能一概而论。心理角度上，主要从情绪、能力、性格上进行探讨，如欺凌者性格强势、脾气暴躁、霸道，胆子大，常去做其他同学不敢做的事情；学习成绩较差，在学校无所事事，容易对他人实施欺凌行为（洪文琦等，2015年）；抗挫折能力差，自控能力较差，容易冲动，容易参与欺凌行为（Vera等，2013年）。对于欺凌学生的特点个人层面的资料，从身体强壮等生理优势与性格较强势、霸道、脾气暴躁等心理特征进行总结，整理如下：

一名初二男生说（编号：BuM0803），他们（欺凌者）长得壮、长得高，穿一些非主流的衣服，说话特别横，很硬气，有时候带工具辅助（吓唬人），有时候不带，一般欺凌者处于叛逆期，与家人沟通不好。相比于受欺负的同学，这些欺负人的同学身高比较高，体重比较重，被欺负的一方体弱多病，欺凌者比较壮实。一位初三男生补充（编号：BuM0903）高，胆子大、有劲、脾气不好、下手比较狠，爱发脾气，就是别人不能惹他，一惹他，他就是发火，打架的那些人，身体素质都比较好。一位初一年级女老师（编号：TF07）回答：欺负人的学生往往身体素质都不错，在小学就经常欺负他人。学习差，和不好好学习、在外晃悠的小混混在一起，久而久之，行为习惯就变得不好了。看到别人有自己喜欢的东西，直接要东西。抗挫折能力差，老师、家长都不能说，一说就急眼。

一位初三男生（ByM0902）补充道，身高不一定，有高的，也有矮的。学习成绩不好，心胸狭隘，容易恼怒。性格就是比较暴躁，心情不好的时候，找别人撒气，让自己开心，喜欢打架，胆子大，学习成绩不好。另外一名初二男生（编号：BuM0806）说道，我一个同学，家里很有钱，但父母不太和谐。整天吵架，没人教育他。他们那种欺凌者交的朋友跟我们也有很大的差距，在学校不怎么和我们来往，大部分都是混社会的。但是这些欺凌者的集体荣誉感比较强，对我们挺好，我们班出什么事都会去帮，还挺招人待见的。人际关系特别棒，会说话。自控力很差，有时候知道不对，但就是忍不住。学习成绩一般都不好。

3.2.3.2 家庭因素

家庭因素主要包括父母依恋、家庭压力以及父母教养方式。父母依恋是一种保护性因素，有良好的父母依恋的青少年，较少卷入欺凌等一些问题行为中（王玉香，2016年）。家庭压力一方面指的是家庭经济条件较差，形成的经济压力，引起学生内心的焦虑与不安；另一方面，也指不良的亲子关系，即子女经常与父母发生冲突。有研究表明，这种长期紧张关系与青少年行为问题相联系，如离家出走、辍学、欺凌他人等偏差行为（Collins等，2004年）。单亲家庭成长起来的儿童相比正常家庭的儿童往往更多参与越轨行为（Rodman等，1967年）。父母教养方式中，与校园欺凌有关的有两种类型：一种是忽视型养育，另外一种是放任型。采用忽视型的父母对子女的行为反应水平极低，被视为未成年人偏差行为的最危险影响因素（Hoeve，2007年）。访谈中反映校园欺凌与家庭因素相关的资料整理如下：

一名初二欺凌者身份男生（编号：BuM0807）说，他们（欺凌者）家里有钱，混的好，会办事，人际关系比较好，有的父辈也是干这个的，就是那种混社会的，还有就是长得比较壮吧。反正那些人跟我们站在一起就显得不一样，外貌啊，气质啊，挺个性的。另外一名初三女生（编号：ByM0901）说，有的就是性格上有缺陷，现在单亲家庭太多了，父母完全撒手不管，欺凌者心里边没有形成正确的认识。这是家庭原因，家庭教育、家庭关系的问题，家庭背景也会有影响。太有钱，家庭太宠溺，早晚会出事。初三年级男老师（编号：TM09）认为同学之间互相欺负是家庭教育的缺失，父母之过。好多家长只忙着赚钱，在外打工，根本不管孩子。经济条件倒是好了，但是不管孩子。不光家里管不了，老师也管不了，一点办法没有。一位初二女生（编号：VicF0802）说，一般比被欺负的身体高大一点，差不多都是些狐朋狗友，人缘也不是很好，差不多都是狐朋狗友，一般同学跟他们关系不好。学习不好，情绪上易怒，家庭关系不好，讨厌这个世界。

3.2.3.3 学校因素

师生关系是校园欺凌发生的重要因素。有的欺凌者与教师关系较好，存在依靠教师的信任，滥用职权欺负同学的情况，如某班干部利用职权欺负同学等。在学校里，教师更多关注的是成绩好、表现积极的学生，而不遵守纪律、成绩差的学生往往受到指责（Good 等，1996 年）。而教师一旦对学生形成某种态度，便产生"贴标签"效应，在长期的互动中，被挑剔的学生采纳教师对自己消极的评价，根据这种消极标签去参与学校生活，使得这些学生，包括被贴上欺凌标签的学生保持着一种试图参与欺凌他人、保持与教师关系紧张的状态。访谈中反映校园欺凌与学校相关因素的资料整理如下：

一名初一女生（编号：VicF0703）说，他（欺凌者）看别人不爽，嫉妒别人，他就要（人家）东西不还。比如说他考试考不好，心情不好，所以欺负人，被老师骂了，他就不高兴，顶撞老师。反正，（欺凌者）就是天不怕地不怕的，到处惹事。一位初二被欺凌者身份男生（编号：VicM0809）答：欺负人的都比较急躁，说话比较脏，比较坏，经常惹老师生气，比较狠，大家都怕他。我怕疼，他们欺负我，我就忍着，我也不敢反抗。另一位男生（编号：VicM0905）补充道，身高不一定，有高的，也有矮的，性格就是比较暴躁。他要是在家里受气，或者在学校被老师说了，就找别人撒气，让自己开心。喜欢打架，胆子大，学习成绩不好。平时都抽烟喝酒，他们一抽烟都不让我们用厕所，我们也不敢进去，他们常常跟老师犟嘴，不听老师的话。

3.2.3.4 同伴因素

同伴关系上，有的欺凌者"朋友"较多，而这里朋友并非指的是学校一起学习生活的同学，用学生的原话就是"外边有人"，更强调学校外有社会朋友。无论是高年级"大哥"还是校外的"小混混"都有结识；有自己的同伙、帮派。而这些学生与不良同伴在一起发展各种"爱好"，如抽烟喝酒、夜不归宿、上网成瘾、破坏公物、不遵守校纪校规、虐待小动物等。一些研究显示，缺乏共情和虐待动物具有某种联系。虐待动物被定义为"社会不可接受的故意造成动物不必要的痛苦或死亡的行为"（Guymer 等，2001 年）。虐待动物有时被视为反社会和暴力行为的早期危险信号，但也不能单独借此预测未来可能发生的犯罪行为（Walters，2013 年）。

一名初一男生（编号：VicM0801）回答：他学习不好，每次考试总是最后，而且每次考试都看答案，都作弊，今年上学就一直打架，虐待动物。从外面抓的那种螳螂、蝴蝶、知了……一些小动物，拿瓶子闷死它们，用手把胳膊腿拽断，看着小动物挣扎。一名初一欺凌与被欺凌双重身份的男生（编号：BuVicM0705）说，欺负人的学生，有抽烟喝酒很多不良嗜好，背后有人有势力，有人撑腰，别人不敢还手，有恃无恐的那种感觉，为所欲为。一名初二男生（编号：VicM0809）吸烟喝酒，破坏公物，会从商店或超市偷东西，偷了就跑。随身带小匕首。

有研究表明，当欺凌者在学校无法通过正常途径，如取得优异成绩赢得教师与同伴认可时，他便会转向其他地方寻找认同。这就促使这些学生迅速进入不良群体，助长偏差行为和离群倾向，即不良同伴鼓励和助长了这类学生在青春期展现出来的"叛逆"。有研究表明偏离正常轨迹、更多产生偏差行为发展是在不断参与不良同伴活动中逐渐形成并稳定存在的（Crick，1995 年）。

一名被欺凌的初一男生（编号：VicM0704）说，他们（欺凌者）都耍酷，觉得自己很厉害、爱穿好看的衣服。心里有阴影、有问题、受过家暴、又高又胖很壮、胆子大、小时候经常打架、捣乱、上课不听讲、旷课、学习不好、收保护费、夜不归宿、去网吧打游戏、喝酒抽烟、上课玩手机。有一堆狐朋狗友，都是外面的，自己的圈子，一帮一帮的，都有自己的帮派。一名初二女生（编号：VicF0808）说，他们（欺凌者）可能因为某个人惹到他；在别人面前说他坏话，被传到他耳朵里了；看别人不顺眼，想显示他的势力比较大；看别人老实，就欺负人家；背后有靠山，自己什么都不怕。他们在一起胆子大，嚣张，学习不好。学校南边那废弃工厂里有些旧东西，他们偷了去二手市场换钱，经常去偷。三五个一起，有把风的，有搬东西的，都是混社会的。年纪和我们差不多，但是都不上学了，他们总是逃课，挺烦人的，只要在学校肯定就惹这个惹那个，影响我们学习。另外一名欺凌受害身份的初三男生（编号：VicM0906）说，为了显得自己势力庞大，在别人那里耍威风、嘚瑟，没事就欺负人。要钱要东西，不给就打，下手比较狠。随身带着那种弹簧小刀，揣在口袋里，有时候拿出来吓唬人。他们有自己的小团伙，校内校外都有，经常互相帮忙，约架、收保护费啥的，看谁家庭条件好一点又老实，或者那种胆子小、不敢告老师的就去欺负。

3.2.3.5 文化因素

文化因素中指一切和主流文化相对的次文化影响下形成的观念、行事风格、穿衣打扮等。与大多数人不同，欺凌者往往追求标新立异，很容易从人群中识别出来，例如不着校服，穿奇装异服；违反校规染发或者纹身，或者在校服上面手绘涂鸦，还有的喜欢摇滚、嘻哈音乐等欧美流行文化或者滑板、溜冰、摩托车等欧美街头文化元素。

一名经常欺负他人的初二男生（编号：BuM0802）说，我玩网游也挺好的，就是钱不是很宽裕，在凑钱买车。买踏板摩托，让别人凑钱买了。每个星期凑个几十块，今天跟这个要一点，明天跟那个要一点，攒攒就够了。一名初三男生（编号：VicM0901）说，体格高大，学习成绩差，抽烟喝酒，很多不良嗜好，脸上有打架的一些疤痕。在自己衣服上写一些字，就显得很牛逼的样子，以欺负别人感到自豪。然后因为这个，没钱的时候可以恐吓那个经常被欺负的，威胁他，要钱。看别人不顺眼，有时候太闲了，想找点事，以前受过别人的欺负，经常不爽就欺负别人，就是想泄气，能操纵别人，想显摆显摆。另外一名初一年级男生（编号：BuVicM0707）说，他们（欺凌者）看来凶神恶煞，长相有点恐怖，标新立异那种，混社会，喜欢戴帽子，在教室也戴着，从来不摘就是要酷。抽烟喝酒很多不良嗜好，心眼多，耍心眼。初二旁观女（ByF0801）说，穿一些非主流的衣服，染头发，说话特别横，很硬气，有时候带工具辅助（吓唬人），有时候不带。他们都是一伙的，我见过一次他们欺负人。中午放学，看哪个人不爽，因为一些事惹到他了，在厕所里打他了，被欺凌者是一个人，欺凌者有四五个，都是一块玩的，有胖有瘦，当时很多人旁观凑热闹，我本来想去告诉老师，但这个事情很快就结束了，没来得及，被欺凌者也没有受很严重的伤，欺凌者主要想示威，之后很开心就走了。

3.2.4 校园欺凌的应对方式

在面对欺凌情境的方式上，73.2%（$N = 53$）的学生认为应该报告老师，35.7%（$N = 53$）的学生说自己会制止学生之间相互欺凌的行为。有17.8%（$N = 53$）的学生表示，会把欺凌事情告诉自己的父母，让父母帮助被欺凌者。8.9%（$N = 53$）的学生表示，当遇到欺凌情形时，自己会躲开，认为多一事不如少一事，自己不管总有别人会管。另有76.8%的学生表示，会不会制止欺凌行为也与认识不认识当事人有关系，如果欺凌者是自己的朋友，会去询问一下原因，试图劝阻；如果被欺凌者是自己的朋友，就去报告老师，或者找人帮忙制止他被欺凌，并会想办法安慰他。无论是欺凌者身份、被欺凌者身份或者旁观者身份，在面对欺凌情境时，学生首先求助的是自己的老师，让老师解决学生之间的冲突；其次是找朋友、找家长帮忙解决。大多数欺凌情形下，被欺凌者不会告诉老师，因为老师的处置如若没有效果，会为自己引来变本加厉的欺负。只有欺负过度、情节严重的欺凌事件才希望老师介入，其余情境都希望是独立处理、自己解决。访谈中发现，初中阶段的学生，并不希望父母过多参与自己的社交生活，希望在家中受到类似于成年人一样的待遇。

在老师处置方式上，对于欺凌者从轻到重的处理方式分别为教育、惩罚、写检查、告诉家长、停课、回家反省为主，严重者予以开除学籍。教育主要包括询问原因、分析利弊；惩罚措施包括罚站、罚跑圈、罚打扫卫生等。罚站通常有两种，走廊罚站、面壁，不允许听课；抽掉板凳站在教室座位上罚站。当教育与惩罚不起作用时，会选择联系家长，协助管理。较为严重的方式是停课或者回家反省，通常以2~3天为范畴，而屡教不改者以全校通报、开除学籍为终。对于被欺凌者的处理以谈话安慰、欺凌者道歉为主。对于老师的处置方式，76.7%（$N=$53）的学生认为对欺凌者没有什么转变、作用不太大、老师只是表面管管，安慰一下被欺凌者，解决不了根本问题；加之老师工作太忙，顾不上那么多事情，不会一直盯着欺凌的学生。23.3%的学生认为老师的处罚有效，尤其是当场看到当场制止教育，在欺凌者与被欺凌者同时在场时，把话说开，误会解决，会有良好的效果。然而，大部分老师在处理欺凌事件时，往往隔离欺凌者与被欺凌者，分开处理，而这种信息不共享，不利于解除学生间的矛盾，有时还会适得其反，加剧紧张关系。

访谈涉及的城市中学与农村中学都有反欺凌教育，以班会、校会、观看教育视频与讲座为主。但方式方法比较单一，效果并不理想。

一位初二男生（编号：BuVicF0807）提到学校反欺凌宣传教育时说，一般老师开班会时会强调，遇到那些欺凌的事，先喊人，拉开，然后告诉老师，老师会处理。再就是看视频，听讲座。一名初二男生（编号：BuF0801）说，学校召集全校的学生开会，会说高年级不要欺负低年级同学，通报一下同学之间欺负的事情。一名初三男生（ByF0901）说，老师常常教育在我们的能力范围之下尽量制止。一般的话，像那种很多人打架肯定会告诉老师，学校的保安，会强制制止。

3.2.5 校园欺凌动态发展模型

校园欺凌形成发展过程中，存在一定的交互模式，本研究试图用图3-9表现出这种动态发展的形式。教育被欺凌的人学会自我保护，是很难实现的，如果受欺凌者可以自我保护，就不会沦为欺凌的对象。难以自我保护是因为这个过程本来就是欺凌者步步设计、刻意营造出来的拟态环境，在这个过程中，欺凌者拥有权力，而被欺凌者没有察觉自己的处境。当发现处于危险之中，也很难寻找到办法，帮助自己摆脱困境。

3.2.5.1 第一步：观察选择对象

在新学期的开始，学生们开始了校园日常生活，包括平时的学习与活动，而各类人际关系的形成也在这个时候慢慢显现出来。谁的朋友比较多、威望比较高，谁的成绩比较好，谁得到老师的垂青等，逐渐每个人都拥有自己的交际圈。

被欺凌者　　　　　　欺凌者

第一步
观察选择对象

意识不到自己成为"欺凌"潜在对象

观察合适的对象，如说话声音小，身材瘦弱，不善交际，朋友较少，脾气较好学生

第二步
尝试探索

没有处理好来自欺凌者的"试探"，认为只是偶发事件

轻微欺凌方式：如骂他，吐唾沫，扔东西，看对方反应

反抗 终止欺凌　　模棱两可　　无动于衷

第三步
再次探索

面对欺凌者会觉得莫名其妙，可能会很难过或者气愤，也会反复想"为什么是我"，产生自我怀疑、变得战战兢兢、不能专注学习

采用更直接、暴力行为，实施更严重的欺凌，增加"凌辱"成分

旁观者制止　自己反抗　　旁观者躲开　旁观者参加　不反抗

停止，退回第二步

第四步
欺凌加剧

了解欺凌者的故意性与伤害性，不愿上学，性情变化或行为异常

欺凌行为蔓延到日常生活、学习的各个方面，拥有不当的权利期待、优越感与满足

第五步
欺凌关系形成

信念粉碎与自杀意念

欺凌扩展为更严重侵害，逾越法律规范

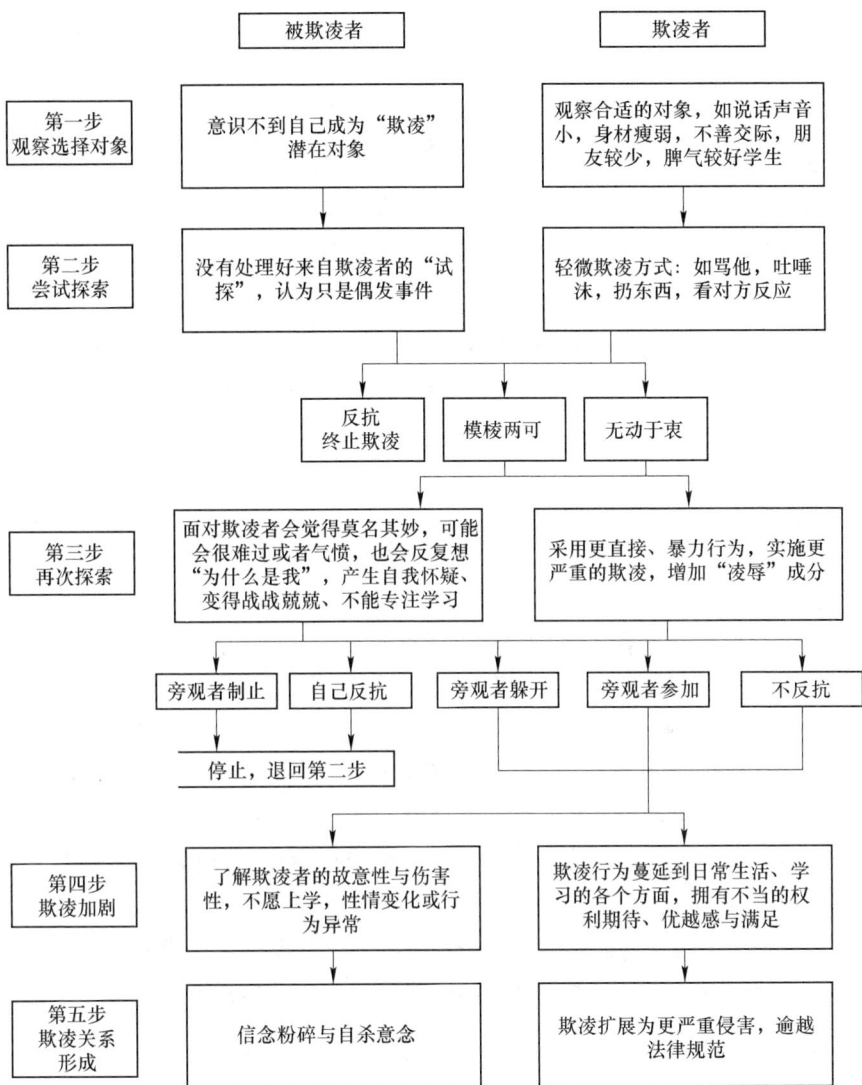

图 3-9　校园欺凌动态发展模型示意图

但是存在一部分学生，或许是不善交际，或许喜欢独来独往，在这个过程中慢慢形成了自己独立存在的状态。欺凌者便在这个时候选择观察对象，他们很容易辨别出容易被欺凌以及欺凌后不会反抗的人，而那些潜在的被欺凌者却对自己的处境全然不知。那些有自我保护意识的学生，也会在这个过程中表现出自己不容易被欺凌的特质。研究表明，在新的欺凌关系形成前，会存在欺凌前的试探行为，当潜在欺凌受害者奋起反抗并且有其他人进行行为制止时，这类试探行为就逐渐减少（Benitez 等，1990 年）。

3.2.5.2　第二步：尝试探索

第一阶段之后，经过观察，当欺凌者发现潜在的可以实施欺凌行为的学生之后，就会采取试探行为。通常试探行为都是从最轻微的欺凌行为开始，比如骂对方、藏对方东西、吐唾沫、丢东西到对方身上等，通过这种小动作来试探对方的反应。如果潜在被欺凌者在这个过程中言辞反抗，表现出不满与愤怒，那么欺凌者会停止对其攻击。如果潜在被欺凌者没有明确对试探行为作出反应，认为这种动作是对方的"无心之过"，那么会让欺凌者认为这是一种默认的表达，可以进一步试探是否可以取得对其的操纵控制。而同伴中的人的潜在参与者以及旁观者也会观察他们的互动，欺凌潜在参与者会在这时看到潜在被欺凌者易侵害的特点，寻找时机参与欺凌行为。

3.2.5.3　第三步：再次探索

显而易见，在初步尝试之后，欺凌者往往不满足于之前的"小甜头"，会加快步伐增加攻击行为的力度以及频率。这时欺凌者可能已经与潜在参与者结成同盟，一起对潜在被欺凌者实施较之前更加严重的欺凌行为。比如直接的身体推搡、脚踢、破坏其随身物品、使用侮辱性绰号或者故意不许参加集体活动等。被欺凌者会在这个过程中受到惊吓，感到恐慌与气愤，但又不知所措。在反反复复的过程中，开始怀疑自己、否定自己，不断想"为什么是我"，变得战战兢兢、无法专心学习。欺凌者也不断在这个过程中，享受得到权力、同伴认同、赢得威望，得到凌驾于别人之上的快乐。如果在这个阶段有教师或者是旁观者出来制止，那么欺凌行为会暂时停止，退回到上一阶段的探索。如果旁观者躲开、不理睬，或者更多的旁观参与欺凌队伍以及被欺凌者自身没有采取激烈反抗，或者寻求教师、其他同学的帮助。那么真正的欺凌往往从这一刻开始。

3.2.5.4　第四步：欺凌加剧

欺凌一旦开始，往往不可抑制，而且每况愈下，无法阻止。欺凌也不仅仅只是寻求控制那么简单，开始了有了其他的意图：比如经济索要、物质索取，强迫做事情。如果说被欺凌者忍受不了欺凌，向老师检举或者向家长求救，那么很可能会遭到更严重的欺凌。45%（$N = 53$）的欺凌原因是学生告密，所以要"收拾"他，让他不要乱说话，有的欺凌者完全可以用简单语言以及某些眼神、声音就控制被欺凌的学生。旁观的学生在这个过程中一般已经不会采取干预行为，或者会气愤被欺凌者不反抗，或者对此行为习以为常；而被欺凌者已经完全了解欺凌者的故意伤害性与伤害性，产生不愿上学、性情大变或者行为异常的反应。

3.2.5.5 第五步：欺凌关系形成

遭受欺凌的学生会丧失信心、学业下降，甚至产生信念粉碎与自杀意念，想要逃离欺凌学生与学校。而欺凌者的行为也会随着时间的推移越来越严重，并寻求其他的被欺凌者，实现自己控制力量的延伸，进而超越学校的控制范围，上升到触犯法律的层次。

欺凌的发生率似乎在中学阶段达到高峰（Benitez 等，2006 年），而当儿童步入中学之时欺凌发生率最高（Pellegrini 等，2002 年）。但是大部分的研究表明，随着年龄的增长，欺凌在减少（Nansel 等，2001 年）。欺凌的终止受到环境转变与个人内在变化的影响。第一种是离开之前欺凌，一位初二受欺凌的女孩（编号：VicF0810）说，我们初二下学期就分快慢班了，（欺负我的人）就见不到我，也就不会欺负我了。我老远见到他也躲开。另外一种是缺乏欺凌因素。一名初一学生（编号：BuVicM0703）说，每次准备考试的时候，我就不想去理睬他们欺负我这件事，忍住了。毕竟这个分数要拿回去见父母，还是不想太差。然后我只要学一点，我就能进步一点，还挺开心的。我历史不错，有时候老师也夸我几句，夸人比教训人高兴，所以我也不想着老和同学那样了。第三种是自身转变，学习应对欺凌。一名被欺凌身份（编号：VicM0705）的男生说，我学着交朋友，经常给他们带零食什么的，这样慢慢的关系就好一点。反正是不怎么欺负我了，偶尔说我几句，不像之前那样，就觉得和他们混熟一点了，关系好多了。

4 校园欺凌行为量表编制与测评

目前中国研究校园欺凌时，主要使用奥维斯的欺凌/被欺凌者问卷（Bully/Victim Questionnaire，Olweus，1989 年，1999 年，2001 年）、史密斯问卷（School Bullying Self-report，Smith，2002 年）以及埃斯皮莱奇的伊利诺伊州欺凌问卷（The Illionois Bullying Scale，Espelage，2001 年），但三种欺凌问卷的测量题目均没有获得一致性的欺凌确认比例，分别为 80% 左右、75% 上下、60% 左右（陈光辉，2010 年）。除此之外，上述问卷距今时间较久远，与现在中国校园欺凌现状有较大出处，并不是理想的校园欺凌测量工具。因此本研究基于第 3 章中校园欺凌表现尝试编制《初中生校园欺凌行为量表》，用来识别校园欺凌中的欺凌参与者，为校园欺凌的研究提供测量工具，也为欺凌者的分类、预测、干预工作提供科学依据。

4.1 量表编制与修订

4.1.1 量表编制

4.1.1.1 量表素材

量表编制的相关素材来自研究一的题目"同学之间通过什么方式或手段来欺负人?"的答案，收录了 216 条欺凌他人的行为表述。自行编码后，由另外一名心理学研究生对其中内容进行独立编码，编码一致性为 0.93。通过编码合并之后设计了 70 道题目，用来编制初始量表。

4.1.1.2 欺凌的维度

欺凌行为的维度划分决定了量表的基本结构，本研究将欺凌行为分为 6 个维度：身体欺凌、言语欺凌、财物欺凌、性欺凌、关系欺凌以及网络欺凌，主要参考了与中国大陆情况最为接近的我国台湾地区对于校园欺凌的划分方法，具体包括：

（1）身体欺凌。包括抢夺同伴物品、用肢体行动导致被欺凌者的身体留下明显的伤痕等，故在所有的欺凌类型中最容易辨认。

（2）言语欺凌。指用语言来刺伤或嘲笑他人，这容易造成肉眼看不到的伤口，有时甚至比身体欺凌的严重性更高。

（3）关系欺凌。指切断同伴的社会性联结，或刻意予以忽略，将其排挤到某群体之外。

（4）性欺凌。在欺凌行为中，只要涉及与"性"有关的言行（张荣显、杨幸真，2010年）都属于性欺凌。

（5）反击型欺凌。指受欺凌儿童在长期受欺凌之后所采取的反击行动，这会显现在其他类型的欺凌情境中。

（6）网络欺凌。指利用电子邮件、网页、微信、微博等发布或转载不利于某人的图像或文字。

本研究在此基础上进行了修改。"反击型欺凌"并不符合校园欺凌的行为特性，攻击性质与正当防卫相似，并不是以故意伤害为目的，因此不把"攻击型欺凌"作为校园欺凌的一种形式。其次"反击型欺凌"并没有明确的攻击类型，融入于各种类型的欺凌之中，无法成为单独的欺凌方式。增加"财物欺凌"是因为欺凌行为中以索要钱财、物品为目的形式较多，如抢夺文具、收取保护费、偷拿饭卡等，尽管敛取东西手段存在差异，但背后是经济目的为导向。综上所述，本研究确定了身体欺凌、言语欺凌、财物欺凌、性欺凌、关系欺凌以及网络欺凌6种不同欺凌类型。

4.1.2 量表修订

量表修订通过两种方式实施：一是咨询心理学专家意见，二是量表填写测试。通过删除、增补以及修改等方式对初始量表进行修订。

4.1.2.1 专家意见

通过电子邮件邀请4名心理学专家对测量体系进行评价，提出意见与建议。总体来说，专家对这一测量体系持较为肯定的态度，认为：

（1）编制适合中国本土的欺凌行为量表是有必要的。

（2）此量表对于校园欺凌行为表现的概括较为全面、完整。

（3）从欺凌者角度方面来测试校园欺凌行为是合理的。

同时，专家也提出了相应的修改意见，这些意见主要包括：

（1）对各个维度的行为存在意义重复的情况，例如关系欺凌中"我曾强迫别人去做考试传纸条或者打人等不好的事情"与"我曾强迫别人自己打自己"。

（2）部分条目语义模糊，例如"我曾收取他人的保护费"（改为"我曾向别人收取保护费"）。

（3）性欺凌的表现还需再深入推敲。

（4）70道题目太多，由于答题者是初中生，要考虑其阅读速度以及对词义理解，完成问卷费时较长会影响回收质量，建议减少题目数量。

根据专家的反馈意见对这一体系修改了两次：

（1）第一次对表述存在问题的条目进行修改，并删除重复的条目。

（2）第二次主要根据对各个维度的重新定义及条目数，对各个维度下的条目进行增删、调整。

4.1.2.2 单独被试填写量表

对量表的填写测试包括两个部分：

（1）将修改好的条目打乱，编制成初中生校园欺凌行为量表，邀请3名初中生（初一、初二、初三各1名学生）进行填答，填答后就量表内容与其在相应的条目上进行访谈。首先提问这份量表中是否存在难理解或有歧义的题目；其次对量表中的题目进行逐题提问，包括：对这道题是怎么理解的，这道题中你选了某个选项的原因，以了解被试者对量表的理解是否与本研究所表达的意思一致。最后，根据被试者反馈的意见，对量表中存在歧义及难以理解的条目进行修改，并删除重复题目，新增其他能够体现本研究构想的题目。

（2）招募9名不同学校初一、初二、初三年级的学生（男生5名、女生4名）进行填答。填答后，请被试者指出量表中表述或意思不清楚的条目，同时逐题回答对校园欺凌行为量表中每道题的理解。根据被试者的反馈意见，对量表中不容易理解或读起来拗口的条目进行修改，同时依据被试者的答题习惯调整问卷中部分题目的顺序。

根据上述专家与被试者的意见，在对量表的语句及结构进行修改的基础上，获得校园欺凌初步测量体系，初步量表一共65题，其中包括六个维度：身体欺凌、言语欺凌、财物欺凌、性欺凌、关系欺凌以及网络欺凌。

4.2 量表初步测查

4.2.1 样本选择

初测被试者用于量表的项目分析和探索性因素分析。通过方便取样的方法，从河北定州选取两所中学，城镇和农村各一所，城镇为普通中学，农村为打工子弟学校。为了保证样本的差异性，在两个学校采取不同的取样方法，城镇中学、农村中学随机选择初一、初二、初三年级各一个班。两所中学一共抽取323名被试者，回收问卷302份，回收率为93.5%。剔出无效问卷后，最终获得282份有效问卷，有效率为93.4%（见表4-1）。

表4-1 初步测查的人口统计学分布（$N = 282$）

年级	性别		居住地区		学生身份		总计
	男	女	城市	农村	住校	走读	
初一	35	40	33	42	23	52	75
初二	62	30	50	42	47	45	92
初三	62	53	51	64	62	53	115
总计	159	123	134	148	132	150	282

4.2.2　研究工具

初中生校园欺凌行为量表包含身体欺凌、言语欺凌、关系欺凌、财物欺凌、性欺凌、网络欺凌六个维度，每个维度项目数为10~12个，共65个项目，第23题与第60题是测谎题。量表编制时，采用主动语态对欺凌内涵进行描述，即（例如"我曾吐唾沫到别人身上"），分数越高说明欺凌行为越明显。

根据皮尔斯（Piers，1984年）以及埃斯皮莱奇与西蒙（Espelage等，1999年）的看法，在编制欺凌行为工具时，可限定某个时间段内，以"频率"来表示某类欺凌次数的多少，因此本研究以"这个学期"（上一次假期到现在为止的一个学期，过去半年间之间）作为考察欺凌情形的时间区间，采用李克特五点问卷计分法，"1"为"没有过"，"2"为"一共1~2次"，"3"为"一个月1~2次"，"4"为"一星期1~2次"，"5"为"一星期几次"。

经过上述过程形成测试版"初中生校园欺凌行为量表"，将量表发放给323名初中生。在填写量表过程中，观察学生的反应以及需要的测试时间，收集意见与建议，在晦涩难懂、语言不通顺、歧义、表述不清楚题目上进行记录，并询问学生做题感受，为后期量表修改提供依据。

4.2.3　项目分析

通过项目分析对高分组学生与低分组学生对不同题目的差异性进行检验，根据项目分析进行题目筛选，主要包括题目删除、修改以及合并。

4.2.3.1　遗漏值检查

遗漏值检查是针对题目试题的遗漏情况进行趋势分析，通过检查遗漏值可以确认参与者是否存在抗拒心理或者逃避回答的倾向。若同一项目有大量缺失值，可以认定为被试者不配合。同时也会存在被试者不认真答题的情况，比如所有题目选同一答案或者答卷问题按照"Z"字型或者"X"字型答题，造成问卷质量不高，该问卷剔除，不予录入分析。结果表明，测试问卷中每一个题项遗漏情况都较少，项目遗漏百分比在1%以下，无需删除题项。

4.2.3.2　极端值比较

根据量表总分，将被试者的问卷得分加以排序，求出高低分组的临界点，进行高低分组。本研究共有282位被试者，分数高到低排列的第76位（39分）即是高分组得分，第206名分数就是低分组（12分）被试者的得分。低分组与中间观察值的临界值是12分，高分组与中间观察值的临界值是39分，得出≤12分为低分组，>39分是高分组，其他为中间组。继而进行独立样本 t 检验，把高分组与低分组上没有显著差异的项目剔出。在高、低组中未出现显著差异的题目号为1.10项、3.10项、5.11项，说明该项目无法有效区分高分和低分被试者，因此需要将以下3个题目删除，删除题目分别为（见表4-2）：

题目1.10：用小刀、匕首、铁链等工具打别人；

题目3.10：强迫别人考试给我传纸条或者去打人等不好的事情；

题目5.12：我强迫别人亲我。

表4-2 项目区分度检验

项目	低分组		高分组		P	项目	低分组		高分组		P
	M	SD	M	SD			M	SD	M	SD	
1.1	0.46	0.797	1.36	1.166	<0.001	4.3	0.23	0.455	1.86	1.335	<0.001
1.2	0.26	0.498	1.89	1.327	<0.001	4.4	0.05	0.228	1.28	1.324	<0.001
1.3	0.19	0.459	1.75	1.308	<0.001	4.5	0.01	0.116	1.29	1.368	<0.001
1.4	0.27	0.505	1.81	1.360	<0.001	4.6	0.09	0.338	1.75	1.308	<0.001
1.5	0.19	0.459	1.88	1.463	<0.001	4.7	0.12	0.404	1.00	1.322	<0.001
1.6	0.15	0.428	1.40	1.360	<0.001	4.8	0.07	0.302	0.76	1.273	<0.001
1.7	0.36	0.653	1.94	1.423	<0.001	4.9	0.08	0.321	0.65	1.177	<0.001
1.8	0.07	0.253	0.50	1.035	<0.001	4.10	0.11	0.354	0.76	1.284	<0.001
1.9	0.00	0.000	0.43	0.901	<0.001	5.1	0.07	0.253	0.76	1.216	<0.001
2.1	0.18	0.449	1.31	1.469	<0.001	5.2	0.16	0.574	1.47	1.463	<0.001
2.2	0.23	0.562	1.94	1.481	<0.001	5.3	0.04	0.199	1.47	1.463	<0.001
2.3	0.09	0.295	1.44	1.711	<0.001	5.4	0.05	0.228	0.56	1.161	<0.001
2.4	0.09	0.501	1.00	1.364	<0.001	5.5	0.04	0.259	0.90	1.302	<0.001
2.5	0.05	0.281	1.00	1.332	<0.001	5.6	0.01	0.116	0.56	1.243	<0.001
2.6	0.28	0.768	1.43	1.546	<0.001	5.7	0.09	0.338	1.08	1.432	<0.001
2.7	0.45	0.779	2.24	1.939	<0.001	5.8	0.04	0.199	0.74	1.256	<0.001
3.1	0.08	0.321	1.46	1.501	<0.001	5.9	0.03	0.163	0.76	1.181	<0.001
3.2	0.07	0.253	1.24	1.204	<0.001	5.10	0.05	0.228	1.00	1.424	<0.001
3.3	0.11	0.354	1.35	1.344	<0.001	5.11	0.01	0.116	0.81	1.285	<0.001
3.4	0.01	0.116	1.24	1.524	<0.001	5.12	0.09	0.501	0.50	1.151	<0.001
3.5	0.03	0.163	1.26	1.404	<0.001	6.1	0.11	0.313	1.22	1.376	<0.001
3.6	0.00	0.000	1.00	1.278	<0.001	6.2	0.09	0.338	1.01	1.284	<0.001
3.7	0.00	0.000	0.96	1.788	<0.001	6.3	0.15	0.488	1.11	1.359	<0.001
3.8	0.04	0.199	1.18	1.325	<0.001	6.4	0.08	0.275	0.94	1.299	<0.001
3.9	0.11	0.354	0.83	1.210	<0.001	6.5	0.01	0.116	0.74	1.267	<0.001
3.11	0.07	0.253	0.74	1.363	<0.001	6.6	0.01	0.116	0.65	1.165	<0.001
3.12	0.05	0.228	0.74	1.363	<0.001	6.7	0.01	0.117	0.67	1.075	<0.001
3.13	0.01	0.116	0.86	1.259	<0.001	6.8	0.03	0.163	0.50	0.993	<0.001
3.14	0.05	0.228	0.74	1.363	<0.001	6.9	0.05	0.295	0.81	1.285	<0.001
4.1	0.81	1.043	2.42	1.340	<0.001	6.10	0.03	0.163	0.58	0.975	<0.001
4.2	0.35	0.711	1.83	1.278	<0.001	6.11	0.04	0.199	0.81	1.296	<0.001

4.2.4 探索性因素分析

进行因素分析前，首先需要进行 KMO 检验和 Bartlett 球形检验。KMO 检验用判定问卷是否适合进行因素分析，KMO 值在 0.6 以上为适合，0.8 以上为良好。Bartlett 球形检验是用来检验各变量的独立性，Bartlett 值较大，表明变量之间存在相关性，适合进行主成分分析；反之，表明变量之间不存在相关性，不适合进行主成分分析。只有当 KMO 检验系数大于 0.6，Bartlett 球形检验的值 x^2 达到显著性水平（小于 0.05）时，才认为量表具有结构效度，适合进行因素分析。本研究中，依据项目分析删除 3 项之后，对保留的 62 题目项进行探索性因素分析，得到的 KMO 和 Bartlett 球形检验结果见表 4-3。

表 4-3 KMO 和 Bartlett's 测试

Kaiser-Meyer-Olkin Measure of Sampling Adequacy		0.873
Bartlett's Test of Sphericity	Approx. Chi-Square	6156.008
	df	903
	Sig.	0.000

本问卷 KMO 值为 0.898，表示达到良好的程度，Bartlett 球形检验卡方值为 10376.055，自由度为 2016，显著性概率值 $P = 0.000 < 0.001$，达到显著水平，说明该问卷适合做因素分析。采用极大似然法，得到各因子解释的总体变异量（见表 4-4）、碎石图（见图 4-1）以及因子载荷表（见表 4-5）。对于项目分析后剩余的 62 个项目，按照如下过程进行删除，最终保留了 42 个项目：

（1）根据因素分析理论及本研究的数据特征，运用极大似然法，同时由于本研究假定整合度的各个因子之间存在相关，故采用正交旋转对数据进行降维处理。探索分析后得出 15 个特征值大于的公因子，结合碎石图与研究一的理论框架，对 4 因子、5 因子、6 因子以及 8 因子的数据结果进行对比，发现 5 因子最能体现理论构想，故最终以 5 因子结果作为问卷结构。

表 4-4 因子累计方差贡献表

因 子	总 值	方差贡献率	累积方差贡献率
1	13.683	33.372	33.372
2	3.046	7.430	40.803
3	2.059	5.022	45.825
4	1.593	3.885	49.710
5	1.511	3.686	53.394

因 子	总 值	方差贡献率	累积方差贡献率
6	1.290	3.147	54.543
7	1.197	2.921	56.464
8	1.091	2.660	60.124

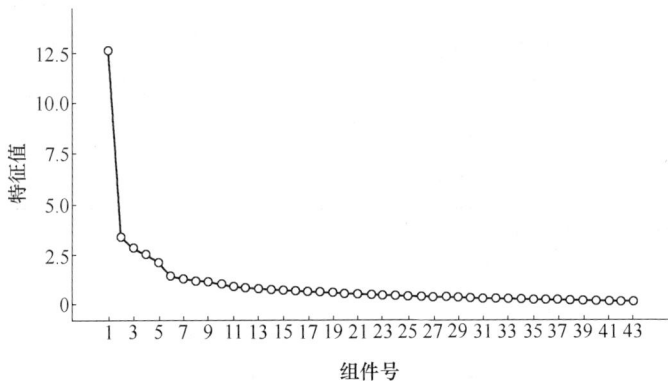

图 4-1 碎石图

（2）对照项目载荷表，删除符合以下任一标准的项目：

1）项目的最大载荷<0.49。

2）最大的两个交叉载荷的绝对值均≥0.40。

3）最大的两个交叉载荷的绝对值之差<0.10。

（3）根据以下条件剔除了 20 个项目：

1）该项目内容在本因子中已有其他项目有相似的表述。

2）该项目从内涵上与该因子中的大多数其他项目有明显区别，保留该项目将使因子命名存在困难。

（4）对剩下的 42 个项目进行限定 5 因子的探索性因素分析。问卷 $KMO = 0.875$，Bartlett 球形检验卡方值为 7631.190，自由度为 1275，$P = 0.000 < 0.001$，累积方差贡献率为 52.80%。

探索性因素分析共抽取了 5 个因素，与最初理论设想有所差异。进一步考察各个因子载荷，发现在言语欺凌的题目因子载荷高，但是未独立形成维度，分散在各个维度之下。因此从探索性因素分析结果来看，保留五个因子最合适，分别是身体欺凌、关系欺凌、财物欺凌、性欺凌、网络欺凌。

表 4-5　校园欺凌行为量表因子载荷表（旋转后的成分矩阵）

1		2		3		4		5	
题号	载荷	题号	载荷	题号	载荷	题号	载荷	题号	载荷
b6m11	0.807	b3m6	0.688	b1m7	0.718	b5m10	0.686	b4m8	0.684
b6m7	0.750	b3m7	0.658	b1m3	0.713	b5m1	0.684	b4m9	0.653
b6m6	0.729	b3m4	0.629	b1m2	0.696	b5m8	0.661	b4m7	0.597
b6m4	0.723	b3m11	0.622	b1m5	0.637	b5m3	0.636	b4m10	0.581
b6m8	0.706	b3m2	0.616	b1m4	0.563	b5m2	0.616	b4m3	0.559
b6m3	0.692	b3m8	0.606	b1m9	0.553	b5m9	0.611	b2m4	0.498
b6m5	0.620	b3m3	0.596	b1m6	0.528	b5m11	0.594		
b6m10	0.568	b3m1	0.593	b1m8	0.506				
b6m1	0.562	b3m5	0.539	b2m2	0.496				
b6m9	0.535	b3m9	0.514						

4.3　量表正式测查

4.3.1　样本选择

完成探索性因素分析之后，本研究进行了验证性因素分析，即量表正式测查（见表 4-6）。被试样本的选择按照如下方式进行：

（1）通过方便取样与团体施测的方法在河北定州城市中学、农村中学发放问卷 457 份，回收问卷 452 份，回收率为 98.9%。剔除无效问卷 16 份，后最终获得 436 份有效问卷，有效率为 96.4%。

（2）在定州市农村小学随机选取 62 名初一年级学生作为重测被试者，在正式测试三周后再次对其进行测试。再次测试时遗失 2 名被试者，最终回收有效问卷 60 份。

表 4-6　问卷初步测查的人口统计学分布（$N = 436$）

年级	性别		居住地区		学生身份		总计
	男	女	城市	农村	住校	走读	
初一	99	57	94	62	97	59	156
初二	79	66	53	92	92	53	145
初三	64	71	68	77	78	57	135
总计	242	194	215	221	267	169	436

4.3.2 研究工具

正式测查量表包括两部分：初中生校园欺凌行为量表和低自我控制问卷，后者主要用来支持外部效度分析。

（1）初中生校园欺凌行为量表。初中生校园欺凌行为量表分为身体欺凌、关系欺凌、财物欺凌、性欺凌、网络欺凌五个维度，共 43 个项目，每个维度项目数在 5~11 题之间。以"这个学期"（上一次假期到现在为止的一个学期，过去半年间之间）作为考察欺凌情形的时间区间，采用李克特五点问卷计分法，"1"为"没有过"，"2"为"一共 1~2 次"，"3"为"一个月 1~2 次"，"4"为"一星期 1 次"，"5"为"一星期几次"，形成正式版《初中生校园欺凌行为量表》。

（2）低自我控制问卷。格斯米克（Grasmick，1999 年）编制的目前应用最广泛的《低自我控制问卷》使用 4 点记分，共计 24 个项目，一共有 6 个维度，分别是冲动性（impulsive）、简单任务倾向（simple tasks）、冒险性（risk-taking）、体力活动（physical activity）、自我中心（self-centeredness）、情绪性（temper）。朗肖尔（Longshoer，1996 年）将该问卷修改为五点问卷沿用至今，后由屈智勇进行修订用于本土化研究中（2009 年）。本书选择冲动性、冒险性、自我中心、情绪性四个项目，共 16 个题项，采用五点计分："1"为"十分不赞同"，"2"为"不太赞同"，"3"为"不能确定"，"4"为"比较赞同"，"5"为"十分赞同"，得分越高，说明被试自我控制能力越差。

4.4 信效度检验

4.4.1 验证性因素分析

在发展理论的过程中，应首先通过探索性因素分析建立模型，再用验证性因素分析加以验证。该分析方法具有理论检验和确认的功能，可以检验之前提出的因素结构是否具有适配度。验证性因素分析主要通过模型的适配指数来判断该模型是否与观察数据拟合。在众多的拟合指数中，x^2/df、$RMSEA$、IFI、CFI、TLI 是最常采用的拟合指数：

（1）x^2/df 是直接检验样本协方差矩阵和估计协方差矩阵间相似程度的统计量，它的理论期望值为 1，在实际研究中，其值越小越好，当 x^2/df 在 2~5 之间时，就认为模型可以接受。

（2）$RMSEA$ 是指近似误差指数，越小越好，其中小于 0.1 表示好的拟合；小于 0.05 表示非常好的拟合；低于 0.01 表示非常出色的拟合，这种情形在实际应用中很少有。

（3）*IFI* 是指增量拟合指数：这些拟合指数的取值都在 0~1 之间，取值越接近 1 表示模型拟合越好。一般认为：拟合指数在 0.85 以上，即可以认为理论模型与原始数据的拟合程度达到统计要求；如果达到 0.9 以上表示模型拟合良好（陈正昌等，2009 年）。

（4）*CFI* 指的是拟合优度指数。一般达到 0.9 就认为模型拟合得较好（Bentler，1990 年）。

利用 Lisrel8.72 对网络与现实整合度问卷的 42 个项目进行二阶 5 因子的验证性因素分析，结果发现拟合指标不够理想。为此，对照修正指数，删除 16 个载荷较高的项目，对剩余的 26 个项目再次进行验证性因素分析。通过验证性因素分析，模型的拟合 $x^2/df = 1.018 < 2$，$RMSEA = 0.006 < 0.1$，其他指数，如 *IFI*、*CFI*、*NFI* 等，均达到标准，预设模型成立，各项模型拟合指数均达到心理测量学的标准。根据表 4-7 和图 4-2 可以看出修正后的模型因子拟合指数相对理想，大部分均达到了良好值，表明模型拟合结果良好。

表 4-7　校园欺凌行为量表整体模式配适参数

x^2	x^2/df	*GFI*	*NFI*	*CFI*	*RMSEA*	*RMR*
294.280	1.018	0.950	0.952	0.999	0.006	0.024

4.4.2　信效度分析结果

4.4.2.1　信度分析

校园欺凌行为量表分别对样本 1 和 2 进行两次内部一致性系数、分半信度的检验。样本 1 中，校园欺凌行为量表内部一致性系数分别是 0.775~0.847 之间，分半信度在 0.677~0.838 之间。样本 2 中，校园欺凌行为量表内部一致性系数分别是 0.887~0.924，分半信度分别为 0.880~0.931 之间，说明量表的内部一致性较好（见表 4-8）。

表 4-8　青少年校园欺凌行为量表信度系数

维度	样本 1		样本 2	
	Cronbach α 系数	分半信度	Cronbach α 系数	分半信度
身体欺凌	0.775	0.740	0.930	0.931
财物欺凌	0.826	0.831	0.927	0.924
关系欺凌	0.842	0.838	0.924	0.912
性欺凌	0.811	0.677	0.887	0.880
网络欺凌	0.847	0.826	0.889	0.894
总量表	0.915	0.823	0.953	0.813

4.4.2.2 相关分析结果

通过对校园欺凌行为量表中身体欺凌、关系欺凌、财物欺凌、性欺凌与网络欺凌各个维度及总分进行两两相关分析，且各维度相关系数在 0.316~0.572 之间（见表4-9），两两维度皆为中度相关，说明青少年校园欺凌行为量表各个维度都能充分体现该量表要测查的内容，且各维度既相关又互相独立。

4.4.2.3 效度分析结果

（1）内容效度。本研究中所有量表题目来自初中在校生及中学教师，并借鉴前人的研究，请相关领域专家以及应用心理学研究生进行项目评估，从借鉴维度定义、项目表述、内容结构上提出修改意见，保证了较高的内容效度。

表4-9 校园欺凌各维度及总分相关矩阵

	身体欺凌	关系欺凌	财物欺凌	性欺凌	网络欺凌
身体欺凌	1				
关系欺凌	0.316[①]	1			
财物欺凌	0.337[①]	0.522[①]	1		
性欺凌	0.393[①]	0.572[①]	0.529[①]	1	
网络欺凌	0.405[①]	0.490[①]	0.447[①]	0.515[①]	1

①$p<0.01$。

（2）外部效度。为了检验量表的外部效度，本研究对 9 个班级共计 436 人进行了对照试验。检验过程如下：

步骤 1. 每个班级准备两份同样的班级座次表——A 表和 B 表，分别交由班主任和研究小组。

步骤 2. 在保证匿名问卷的同时，根据班级的座次表按照 Z 字形顺序收取问卷，将问卷顺序与座次表进行匹配。

步骤 3. 研究小组对问卷进行分析，从中识别出欺凌者问卷，并将其标注在 A 表上。

步骤 4. 班主任根据个人经验，在 B 表上标注欺凌者。

步骤 5. 统计 A 表和 B 表的一致性，计算出一致性比例。

最终的检验结果见表4-10。欺凌者的一致性比例为89.5%，非欺凌者确认比例为91.2%，说明问卷的预测能力较好。

表 4-10 外部效度检验

学 生	教 师	
	欺凌者	非欺凌者
欺凌者	89.5%	10.5%
非欺凌者	8.8%	91.2%

（3）校标效度。对校园欺凌行为量表和低自我控制进行相关分析，发现校园欺凌行为问卷与低自我控制总分正相关（Moon 等，2015 年），冲动性、冒险性、自我中心与情绪化均呈显著正相关（见表 4-11），这说明校园欺凌与低自我控制中冲动性、冒险性、自我中心与情绪化存在较大关联。

表 4-11　校园欺凌与低自我控制的相关系数关系矩阵（$N = 436$）

	身体欺凌	关系欺凌	财物欺凌	性欺凌	网络欺凌
冲动性	0.189[2]	0.168[2]	0.239[2]	0.175[2]	0.186[2]
冒险性	0.230[2]	0.173[2]	0.218[2]	0.183[2]	0.190[2]
自我中心	0.240[2]	0.195[2]	0.273[2]	0.156[2]	0.186[2]
情绪性	0.171[2]	0.164[2]	0.212[2]	0.160[2]	0.108[1]
低自我控制	0.254[2]	0.215[2]	0.288[2]	0.208[2]	0.203[2]

[1] $p < 0.05$；[2] $p < 0.01$。

4.5　研究结论

4.5.1　关于量表编制

问卷编制的相关素材来自于研究一访谈资料中的题目"同学之间通过什么方式或手段来欺负人？"的答案，收录 216 条表示欺凌别人的行为表述，自行编码后，由另外一名心理学研究生对其中内容进行编码，编码的一致性为 0.93。归纳合并之后设计 70 道题目，用来编制初始量表。之后请心理学领域专家对题目进行评价，并使用单独被试者测试题目后，形成 65 个项目进行初测。根据遗漏值检查与极端值比较、探索性因素分析、验证性因素分析后，剩余 26 个项目，得到正式量表。对于样本规模，本量表使用 282 名被试者进行探索性因素分析，436 名参与者进行验证性因素分析。在使用软件上，通过 SPSS22.0 进行项目分析、探索性因素分析和独立样本 t 检验，Lisrel 8.72 进行验证性因素分析。

4.5.2　关于量表结构

本研究认为校园欺凌一共有六种形式，参考了与中国大陆情况最相似的中国台湾地区的划分方法，分别为身体欺凌、言语欺凌、财物欺凌、性欺凌、关系欺凌以及网络欺凌。经过探索性因素分析，显示出校园欺凌包含五个维度，根据维度命名分别为"身体欺凌""财物欺凌""关系欺凌""性欺凌"与"网络欺凌"。其中，言语欺凌不符合维度构想，不能成为独立维度。

对于言语欺凌没有形成独立维度，分布在其他各个维度之下，本研究给出的解释是：首先，言语不具有独立性，作为一种工具，也是身体欺凌、关系欺凌、性欺凌、网络欺凌等欺凌形式的手段。有研究表明，语言欺凌是校园欺凌最常见一种形式言语，言语欺凌发生率高于关系、身体等其他欺凌形式（2017 年）。如果网络欺凌过程中，使用文字、短信等进行发布与转载，那么这种文字的传播就是一种言语欺凌。言语欺凌中的辱骂、侮辱性绰号，和性欺凌的部分实质相交叉。因此，很难脱离其他欺凌形式单独成为一个维度划分。其次，言语欺凌过程具有交互性，以互相对骂为主，通常不会只有欺凌者辱骂，而被欺凌者不还嘴的状况。如若欺凌者一味辱骂，而被欺凌者不反抗，欺凌者要么会停止攻击，要么就会采用其他更直接的欺凌方式攻击。因为被欺凌者的无动于衷，会让欺凌者觉得索然无味，这种情景不容易形成欺凌模式。

本研究对于校园欺凌中身体欺凌、财物欺凌、性欺凌、关系欺凌、网络欺凌的定义如下：身体欺凌，包括对他人用肢体或者使用工具进行攻击，导致被欺凌者的身体留下明显的伤痕或者破坏等；财物欺凌主要包括对他人书本、衣物、钱财、饭卡等个人物品或者常用公共物品的故意藏匿、破坏以及掠夺；性欺凌并非指代情节严重的性侵、强奸等，在初中生阶段，性欺凌包括有意无意的碰触、偷摸某人身上的敏感部位等，以性征取绰号和对性发育的取笑，散播性相关谣言或者对同性恋或者性取向不明确的学生的嘲笑等；关系欺凌不仅指切断他人的社会交往，或刻意排挤、忽略，更强调的是在关系中的控制操作的目的，比如强迫某人做不愿意做的事情，故意控制别人等；网络欺凌指的是通过手机、电脑等在社交平台或者聊天室等对他人发起的攻击，如散播对别人不好的谣言、匿名骚扰别人或者未经允许发布或者转载别人的照片或者视频等。

通过探索性因素分析确定量表的五个因子后，使用验证性因素分析对模型拟合指数检验适切性。本量表 GFI、$AGFI$、x^2/df、$RMSEA$、IFI、CFI、NFI 等均达到标准，符合心理测量学的标准，说明模型拟合结果良好。各维度与量表总分的相关分析结果可以看出，各个维度之间呈中度相关，而各个维度与量表总分则具有较高的相关性，既保证各维度之间的独立性，也保证了各个维度能够较好反映校园欺凌中要测查的内容，说明初中生校园欺凌行为量表具有较好的结构效度。

4.5.3 关于量表质量

本研究进一步收集 436 份有效量表，对自编《青少年校园欺凌行为量表》进行信效度检验。其中量表内部一致性系数在为 0.775～0.847 之间，总量表是 0.915。分半信度在 0.677～0.838 之间，总量表为 0.823，说明量表的内部一致性较好。总量表的重测信度为 0.687，各维度在 0.625～0.861 之间。这说明该量表前后测一致性相对理想，较为稳健，量表可靠性较好。

对于效度主要从内容效度、外部效度与效标效度、构想效度来进行考察。在内容效度上，本研究中所有量表题目均来自初中在校生及中学教师，并借鉴前人的研究与专家意见，项目具有良好代表性；在外部效度上，在自评问卷之外，还附有班主任问卷，最终的检验结果表明欺凌者的一致性比例为 89.5%，非欺凌者确认比例为 91.2%，说明问卷的预测能力较好；在校标效度上，对校园欺凌行为问卷和低自我控制进行相关分析，与莫恩（Moon 等，2015 年）结果一致，说明校园欺凌与低自我控制中冲动性、冒险性、自我中心与情绪化存在较大关联；在构想效度上，通过验证性因素分析加以验证，达到了良好拟合指数，表明问卷构想效度达到测量学要求。

综上所述：第一，本研究按照量表编制的标准范式，采用项目分析、探索性因素分析、验证性因素分析以及信效度检验等步骤，编制《初中生校园欺凌行为量表》，该问卷一共 26 题，分为五个维度：身体欺凌、财物欺凌、性欺凌、关系欺凌以及网络欺凌。第二，《初中生校园欺凌行为量表》有较好的内部一致性信度、重测信度、内容效度、结构效度和效标效度。

5 校园欺凌的影响机制分析

本研究的目标是根据校园欺凌影响因素质性研究提出的个人、家庭、学校、同伴因素，结合文献综述中与校园欺凌相关的其他因素，使用自编的校园欺凌行为问卷与其他相关因素的测量问卷进行问卷调查，借鉴社会生态系统的理论框架，探究初中生校园欺凌的影响因素。

5.1 研究方法

5.1.1 研究设计

根据社会生态系统理论框架，融合布朗芬布伦纳与莫拉莱斯的观点，本书认为校园欺凌的影响因素可分为四个系统：个人层面的微观系统，家庭、学校层面的中间系统，同伴与社区层面的外部系统以及社会文化层面的宏观系统。根据上述四个系统构建五个模型考察其对初中生欺凌行为变异的解释力：基本人口学变量系统、个人系统、家庭学校系统、不良同伴和社区支持系统、次文化系统。基本人口学变量系统参照罗品欣等人的研究设计（2014年），选取性别、年级与家庭经济条件三项指标；个人系统选取莫恩等人研究校园欺凌与低自我控制关系中使用的冒险性与冲动性两个维度（Moon等，2015年）；家庭学校系统参照艾瑟姆等人（Ethem E等，2015年）对欺凌行为的研究，选入家庭依恋、学校依附、家庭压力、学业压力、教师压力五个变量；社会文化层面参照尤金等人（Eugene等，2001年）对欺凌行为的研究，选择欧美流行文化、暴力亚文化两个变量。

5.1.2 测量工具

5.1.2.1 自编初中生校园欺凌行为问卷

《初中生校园欺凌行为问卷》主要用于测查被试者的欺凌行为，获得身体欺凌、关系控制欺凌、财物欺凌、性欺凌、网络欺凌5个维度。该问卷总量表的内部一致性系数为0.91，各分维度内部一致性系数在0.775~0.847之间，问卷信度良好。以"上一次假期到现在为止"的一个学期，考察被试者过去半年参与校园欺凌行为的频率。问卷采用五点计分："1"为"没有过"，"2"是"一共1~2次"，"3"为"一个月1~2次"，"4"是"一星期1~2次"，"5"指"一星期几次"，得分越高说明参与校园欺凌行为越频繁。

5.1.2.2 低自我控制问卷

格斯米克（Grasmick，1999 年）编制了目前应用最广泛的《低自我控制问卷》。此问卷使用 4 点记分，共计 24 个项目，一共有 6 个维度，分别是冲动性（impulsive）、简单任务倾向（simple tasks）、冒险性（risk-taking）、体力活动（physical activity）、自我中心（self-centeredness）、情绪性（temper）。朗肖尔（Longshore，1996 年）将该问卷修改为五点问卷沿用至今，后由屈智勇进行修订用于本土化研究中（2009 年）。本研究选择冲动性（4 题）与冒险性（4 题）两个与欺凌相关系数高的因子（Moon 等，2015 年），内部一致性系数分别为 0.75、0.78。五点计分："1"为"十分不赞同"，"2"为"不太赞同"，"3"为"不能确定"，"4"为"比较赞同"，"5"为"十分赞同"得分越高，说明被试自我控制能力越差。

5.1.2.3 社会控制问卷

社会控制理论中，社会控制分为四大要素，即依附（attachment）、承诺（commitment）、参与（involvement）和信念（belief），本研究使用任玲、赵继宏等人修订的《社会控制问卷》（2016 年）（Social Control Questionnaires）的依恋维度，选取父母依恋（6 题）与学校依附（6 题）两个分问卷。采用五点计分："1"为"十分不赞同"，"2"为"不太赞同"，"3"为"不能确定"，"4"为"比较赞同"，"5"为"十分赞同"。本研究中父母依恋、学校依附的内部一致性系数为 0.78、0.85，得分越高说明被试者与家庭、学校关系越好，依恋程度越高。

5.1.2.4 一般紧张问卷

《一般紧张问卷》包括五项紧张指标：家庭负面事件、生活困扰、与父母不良关系、父母间关系等。本书使用曹立群与邓小钢等人修订的《一般紧张问卷》（1998 年）。家庭负性事件（8 题）采用两点计分："0"为没有，"1"为有，内部一致性系数为 0.78。学校压力中分为学业压力（4 题）与教师压力（4 题），采用五点计分："1"为"十分不赞同"，"2"为"不太赞同"，"3"为"不能确定"，"4"为"比较赞同"，"5"为"十分赞同"，问卷内部一致性系数分别为 0.74、0.71，得分越高说明被试承受的家庭压力与学校相关压力程度越严重。

5.1.2.5 不良同伴接触问卷

《差别接触问卷》由曹立群与邓小钢根据美国"全国青少年调查"的问卷题目修订确定，分为"有利犯罪的目标"与"越轨朋友接触"两部分（2007 年），本研究选取"越轨朋友接触"分问卷，测量被试者过去一年中与不良同伴共同实施越轨行为的频率。共有 16 个项目，采用四点计分："1"为"没有"，"2"为"1~2 次"，"3"为"3~4 次"，"4"是"5 次以上"，得分越高说明与不良同伴接触越频繁。该问卷在以往的研究中被证明具有良好的信效度，在本研究中该问卷内部一致性系数为 0.83。

5.1.2.6　社区支持问卷

《社区支持问卷》用于测量个体所领悟到的来自社区支持的程度（任玲等，2016 年）。变量采用四个等级："1"为"十分不赞同"，"2"为"不赞同"，"3"为"赞同"，"5"为"十分赞同"，得分越高说明社区支持越高。本研究中社区支持问卷的内部一致性系数为 0.86。

5.1.2.7　暴力亚文化问卷

沃尔夫冈的暴力亚文化理论的测量角度包括多重指标，主要是测量个人对暴力行为的支持程度，本研究使用张宏伟等人修订的《暴力亚文化问卷》，选用对暴力文化的认同程度分问卷（2016 年）。本问卷共有 6 个项目，采用五点计分："1"为"十分不赞同"，"2"为"不太赞同"，"3"为"不能确定"，"4"为"比较赞同"，"5"为"十分赞同"。在本研究中该问卷的内部一致性系数为 0.80。

5.1.2.8　欧美流行文化问卷

《欧美流行文化问卷》由曹立群等人修订，主要测查被试者对于国外流行文化的接受程度。这些流行文化是游离于中国主流文化之外的一种文化潮流，更为时尚，强调个人主义，如好莱坞电影传达出来的个人英雄主义，街头文化中涂鸦、说唱音乐等。问卷共有 8 个项目，采用五点计分："1"为"十分不赞同"，"2"为"不太赞同"，"3"为"不能确定"，"4"为"比较赞同"，"5"为"十分赞同"。在本研究中该问卷的内部一致性系数为 0.82。

5.1.2.9　控制变量

参照以往校园欺凌研究的做法（Moon 等，2015 年），本研究选取性别、年级和家庭经济条件等人口统计学变量作为控制变量。

5.1.3　样本城市选择

由于调研时间和成本的限制，本研究在选择样本城市时尽可能的考虑其代表性，分别从经济发展水平、人口学特征以及调研的便利性和配合度等方面建立了筛选标准，最终综合考虑选择北京、南昌和邯郸作为本次调研的城市。

5.1.3.1 经济标准

选取 2016 年全国 GDP 排名前 100 以内，且在本省的 GDP 排名达到前 50%的城市。通常经济发展水平直接决定了教育层次，全国 GDP 排名前 100 名的城市代表着我国经济发展的基本情况，也是大多数教育政策推行试验的先行地区，亦兼有多样性的特征。本研究认为相对于经济发展落后地区，这些地区的校园欺凌现象具有较强的代表性，同时考虑到中国政府在公共政策制定方面具有发达地区先行试点的传统，在上述范围内选择样本省市，对相关政策的制定具有更强的现实意义和应用价值。

5.1.3.2 人口标准

选取 2014 年人口数量超过 500 万人的城市。校园欺凌问题本质上是一个人际关系问题，因此人口数量以及人口结构的丰富性是重要的指标。根据该原则，本书设定了三个人口规模的档次：500 万人、1000 万人和 2000 万人。

5.1.3.3 调研的便利性和配合度

为了确保在样本城市内能够随机选择调研对象，并保证问卷发放和回收的顺利开展，调研资源的获取能力是决定样本城市选择的最终决定性因素。本书尽最大的努力筛选和面试了若干拥有丰富地方资源，并对本项工作具有浓厚兴趣的教育工作者，最终确定了符合课题要求的人选，并以此作为样本城市选择的重要依据。

根据上述原则，本书综合评估了各方条件（包括经济条件、资源条件和操作可行性等），确定了三个样本城市：北京市、江西南昌市与河北邯郸市。三个城市的基本发展情况见表 5-1。北京市作为一线城市的代表，南昌市作为二线城市的代表，邯郸市作为三线城市的代表。同时，首都-省会-地级市的垂直层次也符合我国教育管理体系的基本结构，三个城市的人口数量分别在 2000 万人、1000万人和 500 万人左右，各项指标均形成了明显的层次性和代表性。

表 5-1 样本城市基本指标

样　　本	城　　市		
	北京	南昌	邯郸
人口数（2014 年）/万人	1961	524	917
初中学校数（2014）/个	2142	199	300
初中在校生数（2014）/万人	180	20	45
全国 GDP 排名（2016）	2	44	60
省内 GDP 排名	—	1	5

5.2 研究结论

5.2.1 问卷回收情况

本书于 2017 年 9~12 月，先后组织 20 余人，赴北京、南昌、邯郸三地开展调研。涉及学校 12 所、109 个班级，发放问卷 3653 份，剔出无效问卷 85 份后，回收 3568 份问卷，回收率为 97.7%（见表 5-2）。

表 5-2 基本调研情况说明

城 市	北京	南昌	邯郸	总计
调研初中学校数/个	4	3	5	12
调研班级数量/个	50	30	27	107
调研学生数量/人	1301	1432	920	3653
回收问卷数量/份	1299	1420	918	3637
回收有效数量/份	1245	1409	914	3568
有效回收率/%	95.7	98.3	99.3	97.7

采用分层整群抽样，在北京、南昌、邯郸三地选取城市中学、城乡结合中学、农村中学各一所。城乡结合中学学校数量以及人口规模都比城市中学、农村中学庞大，如若出现城市中学或者农村中学学生太少则加选同类学校一所。最终确定北京 4 所中学，其中城市中学 2 所，城乡结合中学 1 所，农村中学 1 所；南昌城市、城乡结合、农村中学各一所；邯郸城市中学 2 所，城乡结合中学 2 所，农村中学 1 所。表 5-3 为有效回收问卷的人口统计学分布（$N = 3568$）。

表 5-3 有效回收问卷的人口统计学分布（$N = 3568$）

城 市		性别		居住地区		学生身份			总计
		男	女	城市	城乡结合	农村	住校	走读	
北京	初一	295	265	249	177	154	151	409	560
	初二	222	225	194	136	117	146	301	447
	初三	115	123	38	95	105	103	135	238
南昌	初一	189	201	123	110	157	5	385	390
	初二	246	208	125	143	186	6	448	454
	初三	311	254	119	207	239	58	507	565
邯郸	初一	168	167	156	97	82	223	112	335
	初二	149	142	41	175	75	273	18	291
	初三	155	133	70	178	40	224	64	288
总计		1850	1718	1115	1318	1155	1185	2383	3568

5.2.2 基本情况描述

为了探索不同层级的生态系统对欺凌行为的贡献率，以及不同预测变量对欺凌行为是否有显著的解释力，本书基于阶层回归分析方法，用 SPSS22.0 软件对数据进行分析。为避免可能的共线性问题，将预测变量中的连续变量和结果变量转换成标准分进行数据分析。不同欺凌形式的发生频率表（不同欺凌形式频数分布表），自变量描述性统计见表 5-4。

表 5-4　自变量描述性统计

项　　目	平均数	均值	标准差	极小值	极大值
性别	3568	0.52	0.50	0.00	1.00
年级	3568	1.95	0.81	1.00	3.00
家庭经济状况	3568	2.18	0.57	1.00	4.00
冲动性	3568	8.94	3.01	4.00	20.00
冒险性	3568	7.62	3.33	4.00	20.00
父母依恋	3568	20.27	4.18	6.00	30.00
家庭压力	3568	0.91	1.06	0.00	8.00
学校依附	3568	23.81	4.16	6.00	30.00
学业压力	3568	11.55	3.54	4.00	20.00
教师压力	3568	4.75	2.29	3.00	25.00
不良同伴影响	3568	19.23	4.38	16.00	64.00
社区支持	3568	17.82	4.42	5.00	25.00
欧美流行文化	3568	13.69	4.39	5.00	25.00
暴力亚文化	3568	10.46	4.23	5.00	33.00

5.2.2.1　校园欺凌与性别、学生身份关系

初中生的欺凌行为在性别上存在显著差异（见表 5-5）：相比于女生，男生的欺凌得分高于女生（$t = 8.66$，$p = 0.000 < 0.001$），说明男生比女生更容易实施欺凌行为。各个分维度上也表明无论是身体欺凌（$t = 9.67$，$p = 0.000 < 0.001$）、财物欺凌（$t = 4.83$，$p = 0.000 < 0.001$）、性欺凌（$t = 7.37$，$p = 0.000 < 0.001$）、关系欺凌（$t = 5.68$，$p = 0.000 < 0.001$）还是网络欺凌（$t = 5.49$，$p = 0.000 < 0.001$），男生比女生更容易实施欺凌行为。这一结论与奥维斯（1983 年）、张文新（2003 年）、张桂蓉（2017 年）等人的结论一致。

本研究的学生身份指的是学生是住校生或者走读生。学生住校与否与当地政策与学校方式相关。在北京调研的 4 所学校中，城市中学与城乡结合的学校不安

排住宿，农村学校的学生大部分为进城务工人员的子女，加之学校地理位置较为偏远，因此几乎全部学生都被安排住宿，北京的住校生基本是农村学生；南昌学校大部分学生都是走读生，只有初三年级备战中考会安排部分学生住宿，因此南昌以走读生居多；邯郸除了两所城市中学以外，城乡结合地区中学与农村中学统一住校，实行军事化管理。初中生的欺凌行为在住校生与走读生上也存在显著差异。住校生与走读生相比，欺凌得分显著高于走读生（$t = 4.55$，$p = 0.000 <$ 0.001），说明住校生比走读生实施校园欺凌的频率更高。住校生在身体欺凌（$t = 5.40$，$p = 0.000 < 0.001$）、财物欺凌（$t = 4.18$，$p = 0.000 < 0.001$）、性欺凌（$t = 2.55$，$p = 0.000 < 0.001$）、关系欺凌（$t = 5.15$，$p = 0.003 < 0.01$）的得分显著高于走读生。这一结论与里格比（Rigby，2007 年）、吴方文等人（2016 年）的结论一致。

表 5-5 校园欺凌在性别、是否住校生的差异性检验

项目	N	欺凌总分	身体欺凌	财物欺凌	性欺凌	关系欺凌	网络欺凌
性别	男（1850）	42.47±13.62	7.81±3.61	8.12±2.89	10.90±4.35	7.02±2.57	8.62±4.06
	女（1718）	39.21±8.48	6.85±2.21	7.73±1.90	10.03±2.57	6.61±1.71	7.99±2.68
	t	8.66②	9.67②	4.83②	7.37②	5.68②	5.49②
住校	是（1185）	42.25±13.24	7.78±3.60	8.19±2.85	10.71±3.86	7.11±2.56	8.45±3.85
	否（2383）	40.24±10.56	7.14±2.72	7.80±2.24	10.37±3.51	6.68±1.99	8.25±3.27
	t	4.55②	5.40②	4.18②	2.55①	5.15②	1.61

① $p < 0.01$；② $p < 0.001$。

5.2.2.2 校园欺凌与学习成绩关系

学习成绩被视为与校园欺凌紧密联系的一个变量，见表 5-6。本研究发现，初中生欺凌行为与学业成绩关系密切。身体欺凌中，学习成绩差的学生比学生中等的学生更容易对他人实施欺凌行为，而学习成绩中等的学生比学习成绩好的学生更容易对他人实施欺凌行为；财物欺凌中，学习成绩差与学习成绩中等的学生比学习成绩好的学生更容易对他人实施财物欺凌；关系欺凌结果表明学习成绩差的学生比学习成绩中等、学习成绩好的学生更容易对他人实施欺凌行为；性欺凌与网络欺凌结果类似，表明学习成绩差的学生参与欺凌程度高于学习成绩好的学生。此结论与洪文琦（2015 年）、邓煌发（2007 年）的观点一致，认为欺凌者容易因为在成绩表现上无法获得成绩感，缺乏学习动机与生活目标，而实施欺凌行为。

表 5-6 不同欺凌形式的学习成绩差异性检验

项目	变异来源	欺凌总分	身体欺凌	财物欺凌	性欺凌	关系欺凌	网络欺凌
学习成绩	好（1200）	39.76±9.71	7.05±2.53	7.67±1.81	10.30±3.46	6.69±2.02	8.06±2.97
	中（1326）	40.74±10.78	7.72±2.97	7.94±2.38	10.42±3.32	6.78±2.04	8.29±3.18
	差（1042）	42.43±14.03	7.74±3.61	8.22±3.11	10.78±4.16	7.04±2.57	8.65±4.27
	F	15.23[2]	14.75[2]	13.95[2]	5.182[1]	7.89[2]	8.14[2]
	η^2	0.009	0.008	0.008	0.006	0.004	0.005
	事后检验	差>中等>好	差>中等>好	差、中等>好	差>好	差>中等、好	差>好

[1]$p<0.05$；[2]$p<0.001$。

5.2.2.3 校园欺凌与居住地区、城市发展水平关系

本书根据被调查学生的居住地区发展水平将其划分为农村、城乡结合部和城市三个类别，并进行方差分析，结果见表 5-7。之所以将城乡结合部作为独立类别列出，是因为它是中国城市化改造最为频繁的区域，聚集了大量的流动人口，这种独特的文化特征可能会对学生的心理和行为产生特殊影响（谢宝富，2013年）。分析结果表明：农村学生参与欺凌的情况比城市、城乡结合地区更加严重。在财物欺凌中，农村学生参与欺凌行为的可能性比城市学生、城乡结合地区学生更高；身体欺凌、关系欺凌、网络欺凌中，农村学生对他人实施欺凌行为的可能性比城市、城乡结合地区的学生更高。这一结论与张文新（2002年）、罗品欣（2014年）的观点一致。身体欺凌、财物欺凌以及关系欺凌中，三线城市学生对他人实施的可能性高于二线城市的学生，二线城市的学生参与欺凌行为的可能性高于一线城市。在性欺凌与网络欺凌中，三线城市、二线城市学生对他人实施欺凌的可能性比一线城市的学生更高。

5.2.2.4 校园欺凌与自变量的相关关系

根据表 5-8 中自变量与因变量的相关关系可以看出，在微观系统中，个人的冲动性、冒险性与欺凌呈正相关，说明个体越冲动、越冒险，越容易对他人实施欺凌行为。在中间系统中，父母依恋、学校依附与欺凌呈负相关，表明与父母关系越好、对学校依附越强，越不容易实施欺凌行为；与家庭压力、学业压力、教师压力呈正相关，表明在家庭、学业成绩、师生关系上压力越大，越容易实施欺凌行为。在外层系统，与不良同伴呈正相关，说明不良同伴越多，越容易实施欺凌行为；与社区支持为负相关，说明个体与社区关系越亲密，越不容易实施欺凌行为。在宏观系统，与欧美流行文化、暴力亚文化呈正相关，表明受到欧美流行文化影响越多，对暴力亚文化越认可，越容易实施欺凌行为。

表 5-7 不同欺凌形式的居住地区与城市发展水平差异性检验

项目	变异来源	欺凌总分	身体欺凌	财物欺凌	性欺凌	关系欺凌	网络欺凌
居住地区	城市户口 (1095)	39.95±9.56	7.07±2.59	7.66±2.02	10.45±3.64	6.64±1.88	8.13±3.05
	城乡 (1318)	40.46±10.63	7.28±2.78	7.91±2.41	10.45±3.56	6.77±2.12	8.06±2.93
	农村 (1155)	42.32±13.92	7.69±3.66	8.22±2.85	10.56±3.7	7.06±2.53	8.79±4.29
	F	13.39①	12.22①	14.66①	0.34	10.73①	16.14①
	η^2	0.007	0.006	0.008	0.001	0.005	0.009
	事后检验	农村>城市、城乡	农村>城市、城乡	农村、城乡>城市		农村>城市、城乡	农村>城市、城乡
城市发展水平	一线 (1245)	39.07±8.92	6.9±2.3	7.53±1.81	10.16±3.24	6.53±1.83	7.94±2.65
	二线 (1409)	41.31±11.46	7.39±3.01	8±2.39	10.65±3.78	6.79±2	8.49±3.64
	三线 (914)	42.79±14.22	7.91±3.81	8.37±3.16	10.66±3.87	7.28±2.81	8.57±4.11
	F	29.23①	29.68①	32.00①	7.47①	30.88①	11.41①
	η^2	0.015	0.016	0.018	0.004	0.017	0.006
	事后检验	三线>二线>一线	三线>二线>一线	三线>二线>一线	三线、二线>一线	三线>二线>一线	三线、二线>一线

①$p<0.001$。

表 5-8　自变量与因变量的相关关系

序号	1	2	3	4	5	6	7	8	9	10	11	12	13	14	15	16	17
1	1																
2	0.504②	1															
3	-0.279②	-0.245②	1														
4	-0.310②	-0.264②	0.386②	1													
5	0.135②	0.161②	-0.177②	-0.079②	1												
6	0.310②	0.257②	-0.231②	-0.298②	0.158②	1											
7	0.182②	0.248②	-0.212②	-0.390②	0.133②	0.350②	1										
8	0.242②	0.314②	-0.236②	-0.231②	0.192②	0.221②	0.256②	1									
9	-0.214②	-0.135②	0.317②	0.416②	-0.085②	-0.126②	-0.125②	-0.182②	1								
10	0.126②	0.163②	-0.028	-0.053②	0.034②	0.086②	0.084②	0.092②	0.002	1							
11	0.342②	0.322②	-0.211②	-0.312②	0.104②	0.288②	0.269②	0.238②	-0.214②	0.260②	1						
12	0.172②	0.248②	-0.149②	-0.185②	0.173②	0.146②	0.277②	0.525②	-0.122②	0.079②	0.208②	1					
13	0.144②	0.214②	-0.100②	-0.136②	0.134②	0.130②	0.211②	0.465②	-0.075②	0.055②	0.146②	0.804②	1				
14	0.125②	0.175②	-0.111②	-0.143②	0.139②	0.121②	0.205②	0.427②	-0.075②	0.039①	0.163②	0.777②	0.586②	1			
15	0.142②	0.213②	-0.127②	-0.153②	0.161②	0.111②	0.217②	0.450②	-0.132②	0.085②	0.186②	0.809②	0.540②	0.512②	1		
16	0.130②	0.183②	-0.101②	-0.135②	0.159②	0.088②	0.205②	0.412②	-0.108②	0.023②	0.183②	0.767②	0.576②	0.563②	0.577②	1	
17	0.126②	0.175②	-0.132②	-0.149②	0.091②	0.113②	0.233②	0.304②	-0.080②	0.083②	0.138②	0.736②	0.451②	0.470②	0.441②	0.407②	1

①p<0.05；②p<0.01。

注：1—冲动性；2—冒险性；3—父母依恋；4—学校依附；5—家庭压力；6—学业压力；7—教师压力；8—不良同伴影响；9—社区支持；10—欧美流行文化；11—暴力亚文化；12—欺凌总分；13—身体欺凌；14—财物欺凌；15—性欺凌；16—关系欺凌；17—网络欺凌。

5.2.3 阶层回归分析

本研究一共有 6 个回归模型，欺凌总分为总模型，身体欺凌、财物欺凌、性欺凌、关系欺凌、网络欺凌为五个分维度回归模型。欺凌总分回归模型解释量为 0.323，表示本研究所选取的自变量对欺凌行为总体解释率为 32.3%。身体欺凌模型解释率达 0.255，财物欺凌解释量为 0.208，性欺凌解释量 0.233，关系欺凌解释量为 0.209，网络欺凌解释量为 0.131。此回归模型对网络欺凌解释率相对身体、财物、性欺凌、关系欺凌较低，说明网络欺凌发生的原因与其他欺凌存在差异，对于网络欺凌的影响因素需要进行其他探索。

5.2.3.1 校园欺凌总分阶层回归模型

根据生态环境理论，按照微观系统、中间系统、外部系统、宏观系统的顺序探讨不同系统对欺凌行为的影响，分为 5 个模型。

第 1 个模型考察基本人口学变量对欺凌行为的解释力。参照罗品欣等（罗品欣、陈李绸，2014 年）以往对欺凌行为的研究，选入的变量包括性别、年级、家庭经济状况。由于这些变量为分类变量，将其转换为虚拟变量，模型为：

$$ZBullysum = \beta_0 + \beta_1 Gender + \beta_2 Grade_1 + \beta_3 Grade_2 + \beta_4 Economic_1 + \beta_5 Economic_2 + \beta_6 Economic_3$$

式中，$Gender = 1$，是男生，女生是 0；$Grade_1 = 1$，是初一，否则是 0；$Grade_2 = 1$，是初二，否则是 0；$Economic_1 = 1$，是富裕，否则是 0；$Economic_2 = 1$，是一般，否则是 0；$Economic_3 = 1$，是低收入，否则是 0。

第 2 个模型为个人系统，莫恩（Moon 等，2015 年）认为，自我控制能力低的人更容易实施欺凌行为，本研究引用莫恩的结论考察个人自我控制对欺凌行为的解释力。选入的变量包括：冲动性、冒险性，模型为：

$$ZBullysum = \beta_0 + \beta_1 Gender + \beta_2 Grade_1 + \beta_3 Grade_2 + \beta_4 Economic_1 + \beta_5 Economic_2 + \beta_6 Economic_3 + \beta_7 ZImpulsiveness + \beta_8 ZRiskTaking$$

式中，$Gender = 1$，是男生，女生是 0；$Grade_1 = 1$，是初一，否则是 0；$Grade_2 = 1$，是初二，否则是 0；$Economic_1 = 1$，是富裕，否则是 0；$Economic_2 = 1$，是一般，否则是 0；$Economic_3 = 1$，是低收入，否则是 0。

第 3 个模型为家庭学校系统，参照艾瑟姆等人（Ethem 等，2015 年）对欺凌行为的研究，考察家庭学校的依恋和压力对欺凌行为的解释力。选入的变量包括：家庭依恋、学校依附、家庭压力、学业压力、教师压力，模型为：

$$ZBullysum = \beta_0 + \beta_1 Gender + \beta_2 Grade_1 + \beta_3 Grade_2 + \beta_4 Economic_1 +$$
$$\beta_5 Economic_2 + \beta_6 Economic_3 + \beta_7 ZImpulsiveness +$$
$$\beta_8 ZRiskTaking + \beta_9 ZAttachParents + \beta_{10} ZAttachSchool +$$
$$\beta_{11} ZNegEvants + \beta_{12} ZStrainSchool + \beta_{13} ZStrainTeacher$$

式中，$Gender=1$，是男生，女生是 0；$Grade_1=1$，是初一，否则是 0；$Grade_2=1$，是初二，否则是 0；$Economic_1=1$，是富裕，否则是 0；$Economic_2=1$，是一般，否则是 0；$Economic_3=1$，是低收入，否则是 0。

第 4 个模型考察社区支持系统对欺凌行为的解释力。参照莫恩（Moon 等，2011 年）等对欺凌行为的研究，选入的变量包括：不良同伴关系、社区支持。模型为：

$$ZBullysum = \beta_0 + \beta_1 Gender + \beta_2 Grade_1 + \beta_3 Grade_2 + \beta_4 Economic_1 +$$
$$\beta_5 Economic_2 + \beta_6 Economic_3 + \beta_7 ZImpulsiveness +$$
$$\beta_8 ZRiskTaking + \beta_9 ZAttachParents + \beta_{10} ZAttachSchool +$$
$$\beta_{11} ZNegEvants + \beta_{12} ZStrainSchool + \beta_{13} ZStrainTeacher +$$
$$\beta_{14} ZPeerInfluence + \beta_{15} ZNeiborhoodSupport$$

式中，$Gender=1$，是男生，女生是 0；$Grade_1=1$，是初一，否则是 0；$Grade_2=1$，是初二，否则是 0；$Economic_1=1$，是富裕，否则是 0；$Economic_2=1$，是一般，否则是 0；$Economic_3=1$，是低收入，否则是 0。

第 5 个模型，考察文化系统对欺凌行为的解释力。参照尤金等人（Eugene 等，2001 年）对欺凌行为的研究，选入的变量包括欧美流行文化、暴力亚文化，模型为：

$$ZBullysum = \beta_0 + \beta_1 Gender + \beta_2 Grade_1 + \beta_3 Grade_2 + \beta_4 Economic_1 +$$
$$\beta_5 Economic_2 + \beta_6 Economic_3 + \beta_7 ZImpulsiveness +$$
$$\beta_8 ZRiskTaking + \beta_9 ZAttachParents + \beta_{10} ZAttachSchool +$$
$$\beta_{11} ZNegEvants + \beta_{12} ZStrainSchool + \beta_{13} ZStrainTeacher +$$
$$\beta_{14} ZPeerInfluence + \beta_{15} ZNeiborhoodSupport + \beta_{16} ZWestInflue +$$
$$\beta_{17} ZDiviantCulture$$

式中，$Gender=1$，是男生，女生是 0；$Grade_1=1$，是初一，否则是 0；$Grade_2=1$，是初二，否则是 0；$Economic_1=1$，是富裕，否则是 0；$Economic_2=1$，是一般，否则是 0；$Economic_3=1$，是低收入，否则是 0。

5 个模型自变量对欺凌行为的解释力如下：模型 1 人口学变量的解释量为 3.8%，模型 2 人口学变量、个人系统的解释量为 9.4%，模型 3 人口学变量、个人系统、家庭学校系统的解释量为 14.5%，模型 4 人口学变量、个人系统、家庭学校系统、不良同伴和社区的解释量为32.0%，模型5人口学变量、个人系统、家庭学校系统、不良同伴和社区、次文化的解释量为32.3%。

总体上，模型有五层，每一个模型用逐步回归法输入方程。使用这种方法的优点是能够显示模型中每一层中变量的贡献（见表5-9）。第一层次变量包括人口统计学，如性别、年级和家庭收入。六个变量中有四个具有统计学意义。例如，男性更容易欺负其他学生，而来自贫困家庭的学生比低收入、一般收入家庭或富裕家庭的学生更容易欺负其他学生。这一发现表明家庭收入是中学生欺负行为的显著预测因子。总体而言，该模型解释了大约3.8%，解释力达到统计上的显著水平（$\Delta F = 23.179$，$p = 0.000 < 0.001$）。

模型2中的个人系统试图衡量个人的特性，这两个变量与结果变量显著相关，表明具有冲动和冒险性格的学生更容易欺凌其他学生。冲动性、冒险性两个变量对欺凌行为的解释变异为5.6%，解释力达到统计上的显著水平（$\Delta F = 110.689$，$p = 0.000 < 0.001$）。

模型3中涉及学校和家庭对欺凌行为的贡献。家庭学校系统中，父母依恋、学校依附、家庭压力、学业压力、教师压力五个变量对欺凌行为的解释变异为5.2%，解释力达到统计上的显著水平（$\Delta F = 42.851$，$p = 0.000 < 0.001$）。值得注意的是，对家庭的依恋和对学校的依恋对学校欺凌行为有负面影响，表明学校和家庭是这种行为抑制因素。

模型4中，欺凌行为的发生可能认识和玩耍的邻居和犯罪的朋友有关，这两个变量对欺凌行为的解释变异为17.5%，解释力达到统计上的显著水平（$\Delta F = 457.013$，$p = 0.000 < 0.001$）。这一结果清楚地表明了学生参与不良同伴的活动会加剧校园欺凌。模型4中包括测量亚文化的两个变量，第一层亚文化变量被用来研究欧美流行文化对欺凌的影响，而第二层文化变量是为了测量学生对暴力的使用程度而设定的。次文化中，流行文化、暴力亚文化两个变量对欺凌行为的解释变异为0.2%，解释力达到统计上的显著水平（$\Delta F = 6.368$，$p = 0.002 < 0.01$）。由此可知，五个系统对欺凌行为的发生都有显著的预测作用，其中所有的人口统计学变量都是显著的。此外，这些变量的正负没有改变。再次，冒险性与欺凌行为显著相关。父母依恋与学校依附变量从模型3中显著到模型5中不显著，说明其影响由于其他变量的纳入而削弱。不良同伴是该模型最显著的预测者，而暴力亚文化则与欺凌行为相关。这一发现表明，接受暴力的观念会影响学生的欺凌行为。最终模型的解释量达32.3%，表明这些变量大约可以解释1/3左右的欺凌行为。

基本人口学变量中，性别变量的β为0.059（$p = 0.000 < 0.001$），与女生相比男生的欺凌行为得分更高；年级变量上，在模型5中相对于初三学生，初一学生的欺凌行为得分更高（$\beta = 0.099$，$p = 0.000 < 0.001$），初二的欺凌行为得分也较高

表5-9 校园欺凌总分的阶层回归模型

阶层变量	阶层内预测变量		模型1 β	模型1 t	模型2 β	模型2 t	模型3 β	模型3 t	模型4 β	模型4 t	模型5 β	模型5 t
人口学变量	男生	女生	0.136	8.281③	0.120	7.462③	0.091	5.738③	0.058	4.062③	0.059	4.119③
	初一	初三	0.029	1.485	0.048	2.527①	0.052	2.761②	0.098	5.777③	0.099	5.843③
	初二	初三	0.020	1.042	0.039	2.039①	0.041	2.206①	0.070	4.261③	0.072	4.373③
	富裕	贫困	-0.092	-0.43③	-0.072	-3.477②	-0.054	-2.685②	-0.058	-3.225②	-0.062	-3.416②
	一般	贫困	-0.234	-7.758③	-0.202	-6.894③	-0.155	-5.384③	-0.121	-4.698③	-0.124	-4.814③
	低收入	贫困	-0.148	-5.345③	-0.139	-5.171③	-0.134	-5.093③	-0.102	-4.339③	-0.106	-4.519③
个人系统	冲动性				0.069	3.691③	0.029	1.553	0.005	0.300	0.004	0.216
	冒险性				0.198	10.638③	0.142	7.671③	0.059	3.490③	0.050	2.976②
家庭	父母依恋						-0.035	-2.008①	0.014	0.887	0.014	0.870
	学校依附						-0.046	-2.516①	-0.016	-0.914	-0.011	-0.609
学校系统	家庭压力						0.105	6.496③	0.053	3.660③	0.053	3.666③
	学业压力						0.006	0.358	-0.014	-0.856	-0.020	-1.217
	教师压力						0.171	9.473③	0.122	7.507③	0.116	7.127③
不良同伴	不良同伴								0.462	30.054③	0.458	29.751③
社区系统	社区支持								-0.015	-0.941	-0.011	-0.726
次文化系统	流行文化										0.015	1.022
	暴力亚文化										0.050	3.108②
回归模型摘要	R^2		0.038		0.094		0.145		0.320		0.323	
	η^2		0.036		0.092		0.142		0.317		0.320	
	ΔR^2		0.038		0.056		0.052		0.175		0.002	
	F		23.179③		46.128③		46.537③		111.617③		99.532③	
	ΔF		23.179③		110.689③		42.851③		457.013③		6.368②	

①$p<0.05$；②$p<0.01$；③$p<0.001$。

（$\beta = 0.072$，$p = 0.000 < 0.001$），然而在模型 1 中，年级变量对欺凌行为的影响的回归系数是不显著的，年级变量的结果不稳健，在模型 5 中能够显著可能是受到其他变量的影响；在家庭经济状况上，贫困家庭的学生欺凌行为得分更高。

个人系统中，冒险性的回归系数 β 为 0.050（$p = 0.003 < 0.01$），达到显著水平，说明冒险性对欺凌行为具有正向预测作用，冲动性的回归系数不显著。在模型 2 中，冲动性和冒险性的回归系数都是显著的，添加了家庭学校系统变量后冲动性的回归系数不显著，这可能是由于个人的自我控制能力受到了家庭学校系统中某些自变量的影响，有可能在学校家庭与欺凌行为的关系里起到了中间变量的作用，与高山等人研究结论一致（2017 年）。

在初中生生活的家庭学校系统中，家庭压力、教师压力对欺凌行为的影响的回归系数达到了显著水平，其回归系数 β 分别为 0.053（$p = 0.000 < 0.001$）、0.116（$p = 0.000 < 0.001$），对欺凌行为的影响为正向。父母依恋、学校依附、学业压力对欺凌行为的影响在模型 3 中是显著的，添加了不良同伴和社区支持后不再显著。

在初中生生活的外部系统中，不良同伴对欺凌行为的影响的回归系数达到了显著水平，其回归系数 β 为 0.458（$p = 0.000 < 0.001$），对欺凌行为的影响为正向。纪林芹等人的不良同伴与学校欺凌之间存在显著正相关的研究结果与本研究一致。社区支持对欺凌行为的影响的回归系数不显著，对欺凌行为不具有显著的预测作用。在初中生生活的宏观系统中，欧美流行文化对初中生欺凌行为不具有显著的预测作用，暴力亚文化对欺凌行为的影响的回归系数达到了显著水平，其回归系数 β 为 0.050（$p = 0.002 < 0.01$），结果与张宏伟等人（2017 年）结论一致，证明暴力亚文化对于对欺凌行为具有预测作用。

综上所述，根据校园欺凌总分模型可以得出：男生相比女生，初一相比初三、初二相比初三年级，贫困家庭的学生比富裕、一般、低收入家庭的学生更容易实施欺凌行为。个体冒险倾向强、家庭压力大、师生关系差、参与不良同伴活动越多、对暴力亚文化认同度高的学生更容易实施欺凌行为，其中不良同伴（$\beta = 0.458$）、教师压力（$\beta = 0.116$）、家庭压力（$\beta = 0.053$）、暴力亚文化（$\beta = 0.050$）、冒险性（$\beta = 0.050$）五个变量对校园欺凌具有较强的预测力。

5.2.3.2 身体欺凌模型

身体欺凌模型中，5 个模型自变量对欺凌行为的解释力见表 5-10：模型 1 人口学变量的解释量为 4.2%，模型 2 人口学变量、个人系统的解释量为 8.3%，模型 3 人口学变量、个人系统、家庭学校系统的解释量为 10.8%，模型 4 人口学变量、个人系统、家庭学校系统、不良同伴和社区的解释量为 25.4%，模型 5 人口学变量、个人系统、家庭学校系统、不良同伴和社区、次文化的解释量为 25.5%。

表 5-10 身体欺凌的阶层回归模型

阶层变量	阶层内预测变量	β (模型1)	t (模型1)	β (模型2)	t (模型2)	β (模型3)	t (模型3)	β (模型4)	t (模型4)	β (模型5)	t (模型5)
人口学变量	男生　女生	0.154	9.372③	0.140	8.657③	0.121	7.467③	0.090	6.021③	0.091	6.047③
	初一　初三	0.056	2.873②	0.072	3.761③	0.080	4.178③	0.122	6.887③	0.122	6.898③
	初二　初三	0.033	1.682	0.048	2.530①	0.053	2.804②	0.080	4.624③	0.081	4.653③
	富裕　贫困	-0.107	-5.040③	-0.091	-4.350③	-0.077	-3.740③	-0.081	-4.293③	-0.083	-4.353③
	一般　贫困	-0.225	-7.493③	-0.198	-6.724③	-0.164	-5.578③	-0.133	-4.928③	-0.134	-4.966③
	低收入　贫困	-0.152	-5.504③	-0.145	-5.335③	-0.141	-5.234③	-0.111	-4.529③	-0.112	-4.570③
个人系统	冲动性			0.056	2.979②	0.026	1.341	0.005	0.304	0.003	0.175
	冒险性			0.170	9.058③	0.131	6.916③	0.053	3.041②	0.051	2.863②
家庭系统	父母依恋					-0.008	-0.439	0.033	2.013①	0.033	1.994①
	学校依附					-0.030	-1.616	-0.010	-0.568	-0.009	-0.508
学校系统	家庭压力					0.076	4.585③	0.029	1.888	0.029	1.887
	学业压力					0.035	1.934	0.016	0.965	0.015	0.877
	教师压力					0.109	5.909③	0.063	3.686③	0.061	3.569③
不良同伴	不良同伴							0.426	26.419③	0.425	26.266③
社区系统	社区支持							0.009	0.548	0.009	0.569
次文化系统	流行文化									0.010	0.686
	暴力亚文化									0.010	0.610
回归模型摘要	R^2	0.042		0.083		0.108		0.254		0.255	
	ΔR^2	0.042		0.041		0.025		0.147		0.000	
	η^2	0.041		0.081		0.104		0.251		0.251	
	F	26.195③		40.151③		32.937③		80.835③		71.370③	
	ΔF	26.195③		78.596③		19.706③		350.110③		0.540	

① $p < 0.05$；② $p < 0.01$；③ $p < 0.001$。

基本人口学变量中，性别、年级、家庭经济状况三个变量对欺凌行为的解释变异为 4.2%，解释力达到统计上的显著水平（$\Delta F = 26.195$，$p = 0.000 < 0.001$）；个人系统中，冲动性、冒险性两个变量对身体欺凌的解释变异为 4.1%，解释力达到统计上的显著水平（$\Delta F = 78.596$，$p = 0.000 < 0.001$）；家庭学校系统中，父母依恋、学校依附、家庭压力、学业压力、教师压力五个变量对身体欺凌的解释变异为 2.5%，解释力达到统计上的显著水平（$\Delta F = 19.706$，$p = 0.000 < 0.001$）；不良同伴和社区支持两个变量对身体欺凌的解释变异为 14.7%，解释力达到统计上的显著水平（$\Delta F = 350.110$，$p = 0.000 < 0.001$）。由此可知以上四个模型变量对身体欺凌的发生都有显著的预测作用。而次文化中欧美流行文化、暴力亚文化两个变量对身体欺凌的解释变异为 0.02%，解释力未达到统计上的显著水平（$\Delta F = 0.540$，$p = 0.583 > 0.05$）。由此可知次文化模型对身体欺凌的发生没有预测作用。

基本人口学变量中，性别变量的 β 为 0.091（$p = 0.000 < 0.001$），与女生相比男生的身体欺凌行为得分更高；年级变量上，在模型 5 中相对于初三学生，初一学生的身体欺凌行为得分更高（$\beta = 0.122$，$p = 0.000 < 0.001$），初二的身体欺凌行为得分也较高（$\beta = 0.081$，$p = 0.000 < 0.001$）。在家庭经济状况上，贫困家庭的学生在身体欺凌行为得分更高。

个人系统中，冒险性的回归系数 β 为 0.051（$p = 0.004 < 0.01$），达到显著水平，说明冒险性对身体欺凌具有正向预测作用，冲动性的回归系数不显著。在模型 2 中，冲动性和冒险性的回归系数都是显著的，添加了家庭学校系统变量后冲动性的回归系数不显著，这可能是由于个人的冲动性受到了家庭学校系统中某些自变量的影响。

在家庭学校系统中，父母依恋、教师压力对欺凌身体的影响的回归系数达到了显著水平，其回归系数 β 分别为 0.033（$p = 0.046 < 0.05$）、0.061（$p = 0.000 < 0.001$），对身体欺凌行为的影响为正向，说明父母依恋与教师压力对身体欺凌具有显著影响。家庭压力对身体欺凌行为的影响在模型 3 中是显著的，添加了不良同伴和社区支持后不再显著。

在初中生生活的外部系统中，不良同伴对身体欺凌行为的影响的回归系数达到了显著水平，其回归系数 β 为 0.425（$p = 0.000 < 0.001$），对身体欺凌行为的影响为正向。社区支持对身体欺凌的影响的回归系数不显著，对身体欺凌不具有显著的预测作用。

在初中生生活的宏观系统中，欧美流行文化与暴力亚文化回归系数 β 分别为 0.010（$p = 0.493 > 0.05$）、0.010（$p = 0.542 > 0.05$），均未达到显著水平，两个变量对初中生身体欺凌行为不具有显著的预测作用。

综上所述，根据身体欺凌模型可以得出：男生相比女生，初一相比初三、初二相比初三年级，贫困家庭的学生比富裕、一般、低收入家庭的学生更容易实施身体欺凌。个体冒险倾向强、家庭依恋水平较低、教师压力大、与不良同伴的活动越多越容易实施身体欺凌行为，其中不良同伴（$\beta = 0.425$）、教师压力（$\beta = 0.061$）、冒险性（$\beta = 0.051$）、父母依恋（$\beta = 0.033$）对身体欺凌具有较强的预测力。

5.2.3.3　财物欺凌模型

财物欺凌模型中 5 个模型自变量对财物欺凌的解释力见表 5-11：模型 1 人口学变量的解释量为 2.4%，模型 2 人口学变量、个人系统的解释量为 5.1%，模型 3 人口学变量、个人系统、家庭学校系统的解释量为 8.2%，模型 4 人口学变量、个人系统、家庭学校系统、不良同伴和社区的解释量为 20.6%，模型 5 人口学变量、个人系统、家庭学校系统、不良同伴和社区、次文化的解释量为 20.8%。

基本人口学变量中，性别、年级、家庭经济状况三个变量对财物欺凌的解释变异为 2.4%，解释力达到统计上的显著水平（$\Delta F = 14.393$，$p = 0.000 < 0.001$）；个人系统中，冲动性、冒险性两个变量对财物欺凌的解释变异为 2.7%，解释力达到统计上的显著水平（$\Delta F = 51.368$，$p = 0.000 < 0.001$）；家庭学校系统中，父母依恋、学校依附、家庭压力、学业压力、教师压力五个变量对财物欺凌的解释变异为 3.1%，解释力达到统计上的显著水平（$\Delta F = 24.001$，$p = 0.000 < 0.001$）；不良同伴和社区支持两个变量对财物欺凌的解释变异为 12.4%，解释力达到统计上的显著水平（$\Delta F = 276.593$，$p = 0.000 < 0.001$）；次文化中欧美流行文化、暴力亚文化两个变量对财物欺凌的解释变异为 0.2%，解释力达到统计上的显著水平（$\Delta F = 4.892$，$p = 0.008 < 0.01$）。由此可知以上五个模型变量对财物欺凌的发生都有显著的预测作用。

基本人口学变量中，性别变量的 β 为 0.011（$p = 0.482 > 0.05$），男生与女生在财物欺凌上没有显著差异；年级变量上，在模型 5 中相对于初三学生，初一学生的财物欺凌行为得分更高（$\beta = 0.067$，$p = 0.000 < 0.001$），初二的财物欺凌行为得分也较高（$\beta = 0.045$，$p = 0.012 < 0.05$）。在家庭经济状况上，贫困家庭的学生相比富裕、一般、低收入家庭学生更容易实施财物欺凌。

个人系统中，冲动性、冒险性的回归系数 β 为 −0.008（$p = 0.646 > 0.05$）与 0.016（$p = 0.378 > 0.05$），未达到显著水平，说明冲动性与冒险性对财物欺凌行为没有预测作用。在家庭学校系统中，家庭压力、教师压力对财物欺凌的影响的回归系数达到了显著水平，其回归系数 β 分别为 0.043（$p = 0.007 < 0.01$）、0.077（$p = 0.000 < 0.001$），对财物欺凌的影响为正向。学校依附对财物欺凌的影响在模型 3 中是显著的，添加了不良同伴和社区支持后不再显著，且父母依恋与财物欺凌回归系数一直不显著。

表 5-11 财物欺凌的阶层回归模型

财物欺凌		模型 1		模型 2		模型 3		模型 4		模型 5	
阶层变量	阶层内预测变量	β	t	β	t	β	t	β	t	β	t
人口学变量	男生（女生）	0.075	4.534③	0.064	3.876③	0.043	2.595②	0.013	0.877	0.011	0.704
	初一（初三）	0.010	0.506	0.023	1.199	0.029	1.471	0.066	3.639③	0.067	3.692②
	初二（初三）	0.003	0.165	0.016	0.826	0.019	0.996	0.044	2.453①	0.045	2.521①
	富裕（贫困）	-0.114	-5.320③	-0.101	-4.739③	-0.087	-4.126③	-0.090	-4.620③	-0.091	-4.667③
	一般（贫困）	-0.236	-7.768③	-0.214	-7.123③	-0.177	-5.929③	-0.148	-5.328③	-0.149	-5.356③
	低收入（贫困）	-0.150	-5.350③	-0.143	-5.198③	-0.140	-5.126③	-0.113	-4.448③	-0.116	-4.573③
个人系统	冲动性			0.050	2.633②	0.017	0.878	-0.001	-0.048	-0.008	-0.459
	冒险性			0.136	7.161③	0.093	4.824③	0.021	1.168	0.016	0.881
家庭学校系统	父母依恋					-0.025	-1.362	0.012	0.679	0.012	0.721
	学校依附					-0.040	-2.081①	-0.025	-1.312	-0.019	-0.994
	家庭压力					0.086	5.102③	0.043	2.712②	0.043	2.717②
	学业压力					0.016	0.860	-0.002	-0.114	-0.008	-0.434
	教师压力					0.124	6.633③	0.081	4.625③	0.077	4.365③
	不良同伴							0.391	23.507③	0.388	23.296③
	社区支持							0.018	1.043	0.022	1.327
次文化系统	流行文化									-0.015	-0.962
	暴力亚文化									0.054	3.1156②
回归模型摘要	R^2	0.024		0.051		0.082		0.206		0.208	
	ΔR^2	0.024		0.027		0.031		0.124		0.002	
	η^2	0.022		0.049		0.079		0.202		0.204	
	F	14.393③		23.942③		24.441③		61.347③		54.824③	
	ΔF	14.393③		51.368③		24.001③		276.593③		4.892②	

①p<0.05；②p<0.01；③p<0.001。

在初中生生活的外部系统中，不良同伴对财物欺凌的影响的回归系数达到了显著水平，其回归系数 β 为 0.388（$p = 0.000 < 0.001$），对财物欺凌行为的影响为正向。社区支持对财物欺凌的影响的回归系数 β 为 0.022（$p = 0.185 > 0.05$）不显著，对财物欺凌行为不具有显著的预测作用。

在初中生生活的宏观系统中，暴力亚文化对财物欺凌的影响的回归系数达到了显著水平，其回归系数 β 为 0.054（$p = 0.002 < 0.01$），证明暴力亚文化对财物欺凌行为具有预测作用，而欧美流行文化对初中生财物欺凌行为不具有显著的预测作用。

综上所述，根据财物欺凌模型得出：初一相比初三、初二相比初三年级，贫困家庭的学生比富裕、一般、低收入家庭更容易实施欺凌行为。不良同伴（$\beta = 0.388$）、教师压力（$\beta = 0.077$）、家庭压力（$\beta = 0.043$）、暴力亚文化（$\beta = 0.054$）对财物欺凌具有较强的预测力，而性别、冲动性、冒险性、父母依恋、学校依附、学业压力、社区支持、欧美流行文化对财物欺凌没有预测作用。

5.2.3.4　性欺凌模型

在性欺凌模型中，5 个模型自变量对其解释力见表 5-12：模型 1 人口学变量的解释量为 2.1%，模型 2 人口学变量、个人系统的解释量为 6.2%，模型 3 人口学变量、个人系统、家庭学校系统的解释量为 9.9%，模型 4 人口学变量、个人系统、家庭学校系统、不良同伴和社区的解释量为 23.0%，模型 5 人口学变量、个人系统、家庭学校系统、不良同伴和社区、次文化的解释量为 23.3%。

基本人口学变量中，性别、年级、家庭经济状况三个变量对性欺凌的解释变异为 2.1%，解释力达到统计上的显著水平（$\Delta F = 12.720$，$p = 0.000 < 0.001$）；个人系统中，冲动性、冒险性两个变量对性欺凌的解释变异为 4.1%，解释力达到统计上的显著水平（$\Delta F = 78.601$，$p = 0.000 < 0.001$）；家庭学校系统中，父母依恋、学校依附、家庭压力、学业压力、教师压力五个变量对性欺凌的解释变异为 3.6%，解释力达到统计上的显著水平（$\Delta F = 28.577$，$p = 0.000 < 0.001$）；不良同伴和社区支持两个变量对性欺凌的解释变异为 13.1%，解释力达到统计上的显著水平（$\Delta F = 301.780$，$p = 0.000 < 0.001$）；次文化中的欧美流行文化、暴力亚文化两个变量对性欺凌的解释变异为 0.3%，解释力达到统计上的显著水平（$\Delta F = 8.088$，$p = 0.000 < 0.001$），由此可知，以上五个模型变量对性欺凌的发生都有显著的预测作用。

基本人口学变量中，性别变量的 β 为 0.056（$p = 0.000 < 0.001$），与女生相比男生的性欺凌行为得分更高；年级变量上，相对于初三学生，初二的性欺凌行为得分也更高（$\beta = 0.059$，$p = 0.000 < 0.001$），初一学生的性欺凌行为得分更高

表 5-12　性欺凌的阶层回归模型

阶层变量	性欺凌 阶层内预测变量	模型 1 β	模型 1 t	模型 2 β	模型 2 t	模型 3 β	模型 3 t	模型 4 β	模型 4 t	模型 5 β	模型 5 t
人口学变量	男生 女生	0.117	7.028③	0.102	6.256③	0.080	4.939③	0.053	3.520③	0.056	3.709③
	初一 初二	-0.010	-0.487	0.006	0.320	0.005	0.252	0.045	2.485①	0.046	2.549①
	初二 初三	0.015	0.776	0.031	1.606	0.031	1.621	0.056	3.208②	0.059	3.337②
	富裕 贫困	-0.046	-2.126①	-0.029	-1.392	-0.015	-0.700	-0.017	-0.908	-0.022	-1.165
	一般 贫困	-0.136	-4.468③	-0.109	-3.639③	-0.069	-2.323①	-0.039	-1.436	-0.043	-1.590
	低收入 贫困	-0.079	-2.828②	-0.071	-2.593①	-0.067	-2.489①	-0.040	-1.582	-0.044	-1.780
个人系统	冲动性			0.049	2.614②	0.019	0.959	-0.005	-0.277	-0.015	-0.817
	冒险性			0.176	9.314③	0.131	6.880③	0.060	3.388②	0.050	2.790②
家庭系统	父母依恋					-0.030	-1.675	0.018	1.0723	0.017	1.027
	学校依附					-0.043	-2.282①	-0.005	-0.250	0.001	0.034
学校系统	家庭压力					0.112	6.709③	0.066	4.267③	0.066	4.274③
	学业压力					-0.012	-0.644	-0.028	-1.639	-0.034	-2.004①
	教师压力					0.129	6.978③	0.089	5.150③	0.082	4.738③
不良同伴 社区系统	不良同伴							0.395	24.099③	0.390	23.780③
	社区支持							-0.048	-2.884②	-0.045	-2.713②
次文化系统	流行文化									0.031	1.997①
	暴力亚文化									0.051	2.963②
回归模型摘要	R	0.145		0.250		0.314		0.479		0.483	
	R²	0.021		0.062		0.099		0.230		0.233	
	ΔR²	0.021		0.041		0.036		0.131		0.003	
	η²	0.019		0.060		0.095		0.226		0.229	
	F	12.720③		29.606③		29.916③		70.553③		63.452③	
	ΔF	12.720③		78.601③		28.577③		301.780③		8.088③	

①$p<0.05$；②$p<0.01$；③$p<0.001$。

（$\beta=0.046$，$p=0.011<0.05$）。但在模型 1 中，年级变量对性欺凌行为的影响的回归系数是不显著的，年级变量的结果不稳健，在模型 5 中变得显著可能是受到其他变量的影响。在家庭经济状况上，贫困家庭、低收入家庭、一般家庭、富裕家庭的学生在性欺凌行为上没有显著影响。

个人系统中，冒险性的回归系数 β 为 0.050（$p=0.005<0.01$），达到显著水平，说明冒险性对性欺凌具有正向预测作用，而冲动性的回归系数不显著。在模型 2 中，冲动性和冒险性的回归系数都是显著的，添加了家庭学校系统变量后冲动性的回归系数不显著，这可能是由于个人的冲动性受到了家庭学校系统中某些变量的影响。

在家庭学校系统中，家庭压力、学业压力、教师压力对性欺凌行为的影响的回归系数达到了显著水平，其回归系数 β 分别为 0.066（$p=0.000<0.001$）、-0.034（$p=0.045<0.05$）、0.082（$p=0.000<0.001$），家庭压力与教师压力对性欺凌行为的影响为正向，说明家庭压力、教师压力越大，学生越容易参与性欺凌。而学业压力对性欺凌的影响是负向，说明学业压力越大，学生越不容易实施性欺凌行为。学校依附在对性欺凌的影响在模型 3 中是显著的，添加了不良同伴和社区支持后不再显著。

在初中生生活的外部系统中，不良同伴与社区支持皆对性欺凌行为的影响的回归系数达到了显著水平。不良同伴的影响，回归系数 β 为 0.390（$p=0.000<0.001$），对性欺凌行为的影响为正向，说明参与不良同伴的社会活动越多，越容易参与性欺凌。社区支持对欺凌行为的影响的回归系数 β 为-0.045（$p=0.007<0.01$），对欺凌行为的影响为负向，说明与社区支持越好，学生越不容易参与性欺凌活动。

在初中生生活的宏观系统中，欧美流行文化与暴力亚文化回归系数 β 分别为 0.031（$p=0.046<0.05$）、0.051（$p=0.003<0.01$），均达到了显著水平，且欧美流行文化与暴力亚文化的影响为正向，说明对欧美流行文化越追捧，越认同暴力亚文化的学生越容易对他人实施性欺凌。

综上所述，根据性欺凌模型得出：男生相比女生，初一相比初三、初二比初三的学生更容易对他人实施性欺凌行为。个体冒险倾向强、家庭压力大、师生关系差、参与不良同伴活动越多的学生更容易参与性欺凌，而学业压力大、社区关系越好的学生较少参与性欺凌行为。对欧美流行文化越追捧、对暴力亚文化越认同的学生越容易对他人实施性欺凌行为。其中，不良同伴（$\beta=0.390$）、教师压力（$\beta=0.082$）、家庭压力（$\beta=0.066$）、暴力亚文化（$\beta=0.051$）、冒险性（$\beta=0.050$）、欧美流行文化（$\beta=0.031$）对身体欺凌具有较强的正向预测作用。而社区支持（$\beta=-0.045$）、学业压力（$\beta=-0.034$）对性欺凌的发生有负向预测作用。

5.2.3.5 关系欺凌模型

在关系欺凌模型中，5个模型自变量对其的解释力见表5-13：模型1人口学变量的解释量为2.8%，模型2人口学变量、个人系统的解释量为5.8%，模型3人口学变量、个人系统、家庭学校系统的解释量为9.0%，模型4人口学变量、个人系统、家庭学校系统、不良同伴和社区的解释量为20.3%，模型5人口学变量、个人系统、家庭学校系统、不良同伴和社区、次文化的解释量为20.9%。

基本人口学变量中，性别、年级、家庭经济状况三个变量对关系欺凌的解释变异为2.8%，解释力达到统计上的显著水平（$\Delta F = 17.391$，$p = 0.000 < 0.001$）；个人系统中，冲动性、冒险性两个变量对关系欺凌的解释变异为3.0%，解释力达到统计上的显著水平（$\Delta F = 56.693$，$p = 0.000 < 0.001$）；家庭学校系统中，父母依恋、学校依附、家庭压力、学业压力、教师压力五个变量对关系欺凌的解释变异为3.2%，解释力达到统计上的显著水平（$\Delta F = 24.716$，$p = 0.000 < 0.001$）；不良同伴和社区支持两个变量对关系欺凌的解释变异为11.3%，解释力达到统计上的显著水平（$\Delta F = 251.916$，$p = 0.000 < 0.001$）；次文化中的欧美流行文化、暴力亚文化两个变量对关系欺凌的解释变异为0.6%，解释力达到统计上的显著水平（$\Delta F = 12.574$，$p = 0.000 < 0.001$），由此可知，以上五个模型变量对关系欺凌的发生都有显著的预测作用。

基本人口学变量中，性别变量的β为0.023（$p = 0.133 > 0.05$），说明性别差异在关系欺凌中没有明显差异。在模型1、模型2、模型3中，男生相比女生更容易实施关系欺凌。在加入不良同伴和社区外部系统后，男女差异不显著，说明不良同伴和社区支持中的变量影响了性别与关系欺凌之间的作用。年级变量上，在模型5中相对于初三学生，初一学生的关系欺凌行为得分更高（$\beta = 0.087$，$p = 0.000 < 0.001$），初二的关系欺凌行为得分也较高（$\beta = 0.063$，$p = 0.000 < 0.001$），但在模型一中，年级变量中初二对初三在关系欺凌行为的影响的回归系数是不显著的，年级变量的结果不稳健，在模型5中变得显著可能是受到其他变量的影响。在家庭经济状况上，贫困家庭比低收入家庭、一般家庭、富裕家庭的学生更容易对他人实施关系欺凌。

个人系统中，冲动性与冒险性的回归系数β分别为-0.001（$p = 0.937 > 0.05$）、0.029（$p = 0.115 > 0.05$），都未达到显著水平，说明冒险性对关系欺凌的影响不大。在模型2中，冲动性和冒险性的回归系数都是显著的，添加了家庭学校系统变量后冲动性的回归系数不显著，这可能是由于个人的冲动性受到了家庭学校中间系统中某些变量的影响。

在家庭学校系统中，家庭压力、学业压力、教师压力对关系欺凌行为的影响的回归系数达到了显著水平，其回归系数β分别为0.065（$p = 0.000 < 0.001$）、

表 5-13 关系欺凌的阶层回归模型

阶层变量	阶层内预测变量	模型 1 β	模型 1 t	模型 2 β	模型 2 t	模型 3 β	模型 3 t	模型 4 β	模型 4 t	模型 5 β	模型 5 t
人口学变量	男生 女生	0.088	5.346③	0.076	4.672③	0.055	3.339②	0.029	1.871	0.023	1.503
	初一 初三	0.039	2.020①	0.054	2.771②	0.049	2.515①	0.086	4.692③	0.087	4.781③
	初二 初三	0.026	1.330	0.039	2.040①	0.037	1.958	0.061	3.420②	0.063	3.517③
	富裕 贫困	-0.095	-4.427③	-0.081	-3.807③	-0.066	-3.165②	-0.069	-3.527③	-0.070	-3.560③
	一般 贫困	-0.233	-7.714③	-0.211	-7.044③	-0.172	-5.785③	-0.144	-5.189③	-0.145	-5.210③
	低收入 贫困	-0.124	-4.452③	-0.118	-4.286③	-0.112	-4.124③	-0.086	-3.389②	-0.091	-3.571③
个人系统	冲动性			0.054	2.837②	0.031	1.574	0.010	0.527	-0.001	-0.079
	冒险性			0.142	7.471③	0.101	5.301③	0.035	1.938	0.029	1.575
家庭学校系统	父母依恋					-0.013	-0.703	0.030	1.755	0.032	1.848
	学校依附					-0.037	-1.961	-0.006	-0.302	0.004	0.191
	家庭压力					0.107	6.425③	0.065	4.141③	0.065	4.159③
	学业压力					-0.024	-1.282	-0.039	-2.257①	-0.047	-2.735③
	教师压力					0.131	7.003③	0.092	5.243③	0.086	4.902③
不良同伴 社区系统	不良同伴							0.369	22.149③	0.365	21.928③
	社区支持							-0.032	-1.908	-0.024	-1.427
次文化系统	流行文化									-0.036	-2.271①
	暴力亚文化									0.085	4.863③
回归模型摘要	R^2	0.028		0.058		0.090		0.203		0.209	
	ΔR^2	0.028		0.030		0.032		0.113		0.006	
	η^2	0.027		0.056		0.087		0.200		0.205	
	F	17.391③		27.625③		27.072③		60.365③		55.089③	
	ΔF	17.391③		56.693③		24.716③		251.916③		12.574③	

①$p<0.05$；②$p<0.01$；③$p<0.001$。

-0.047（$p = 0.006 < 0.01$）、0.086（$p = 0.000 < 0.001$），家庭压力与教师压力对关系欺凌的影响为正向，说明家庭压力、教师压力越大，学生越容易参与关系欺凌。而学业压力对关系欺凌的影响是负向，说明学业压力越大，学生越不容易实施关系欺凌行为。

在初中生生活的外部系统中，不良同伴的影响的回归系数 β 为 0.365（$p = 0.000 < 0.001$），对关系欺凌行为的影响为正向，说明参与不良同伴的社会活动越多，越容易对他人实施关系欺凌。社区支持对欺凌行为的影响的回归系数 β 为 -0.024（$p = 0.154 > 0.05$），未达到显著水平，对关系欺凌没有预测作用。

在初中生生活的宏观系统中，欧美流行文化与暴力亚文化回归系数 β 分别为 -0.036（$p = 0.023 < 0.05$）、0.085（$p = 0.000 < 0.001$），均达到了显著水平。其中欧美流行文化与关系欺凌呈现负相关，说明对欧美流行文化越追捧，越不容易对他人实施关系欺凌。暴力亚文化对关系欺凌的影响为正向，即越认同暴力亚文化的学生越容易对他人实施关系欺凌。

综上所述，根据关系欺凌模型得出：初一相比初三、初二比初三年级更容易对他人实施关系欺凌行为。贫困家庭的学生比富裕、一般、低收入家庭更容易参与关系欺凌行为，而关系欺凌在性别上无显著差异。个体家庭压力大、教师压力大、参与不良同伴活动越多的学生更容易参与关系欺凌，而学业压力对关系欺凌具有负向预测作用。对暴力亚文化越认同的学生更容易对他人实施关系欺凌行为，而对欧美流行文化越追捧，学生对他人实施关系欺凌越少。其中，不良同伴（$\beta = 0.365$）、教师压力（$\beta = 0.086$）、暴力亚文化（$\beta = 0.085$）、家庭压力（$\beta = 0.065$）对关系欺凌具有较强的正向预测作用。而学业压力（$\beta = -0.047$）、欧美流行文化（$\beta = -0.036$）对关系欺凌有负向预测作用。

5.2.3.6 网络欺凌模型

网络欺凌模型中，五个模型自变量对网络欺凌的解释力见表 5-14：模型 1 人口学变量的解释量为 1.4%，模型 2 人口学变量、个人系统的解释量为 4.4%，模型 3 人口学变量、个人系统、家庭学校系统的解释量为 8.2%，模型 4 人口学变量、个人系统、家庭学校系统、不良同伴和社区的解释量为 12.9%，模型 5 人口学变量、个人系统、家庭学校系统、不良同伴和社区、次文化的解释量为 13.1%。

基本人口学变量中，性别、年级、家庭经济状况三个变量对网络欺凌的解释变异为 1.4%，解释力达到统计上的显著水平（$\Delta F = 8.653$，$p = 0.000 < 0.001$）；个人系统中，冲动性、冒险性两个变量对网络欺凌的解释变异为 3.0%，解释力达到统计上的显著水平（$\Delta F = 55.755$，$p = 0.000 < 0.001$）；家庭学校系统中，父母依恋、学校依附、家庭压力、学业压力、教师压力五个变量对网络欺凌的解释

表 5-14 网络欺凌的阶层回归模型

阶层变量	阶层内预测变量	模型 1 β	模型 1 t	模型 2 β	模型 2 t	模型 3 β	模型 3 t	模型 4 β	模型 4 t	模型 5 β	模型 5 t
人口学变量	男生 女生	0.087	5.218③	0.075	4.557③	0.047	2.882②	0.030	1.852	0.035	2.147①
	初一 初三	0.025	1.275	0.039	2.023①	0.046	2.349①	0.069	3.622③	0.070	3.647③
	初二 初三	0.004	0.209	0.017	0.898	0.020	1.030	0.035	1.8712	0.036	1.943
	富裕 贫困	-0.022	-0.997	-0.007	-0.331	0.006	0.269	0.004	0.1723	-0.001	-0.031
	一般 贫困	-0.122	-4.014③	-0.100	-3.305②	-0.065	-2.184	-0.047	-1.630	-0.051	-1.75
	低收入 贫困	-0.092	-3.272②	-0.086	-3.096②	-0.081	-2.993②	-0.065	-2.446①	-0.068	-2.545①
个人系统	冲动性			0.058	3.035②	0.024	1.212	0.012	0.620	0.007	0.385
	冒险性			0.138	7.243③	0.091	4.727③	0.047	2.485①	0.041	2.116①
家庭学校系统	父母依恋					-0.053	-2.918②	-0.029	-1.608	-0.030	-1.681
	学校依附					-0.030	-1.594	-0.018	-0.907	-0.017	-0.850
	家庭压力					0.038	2.249①	0.011	0.673	0.011	0.672
	学业压力					0.006	0.342	-0.004	-0.241	-0.007	-0.369
	教师压力					0.167	8.922③	0.141	7.679③	0.137	7.439③
不良同伴	不良同伴							0.240	13.768③	0.237	13.576③
社区系统	社区支持							0.001	0.0774	0.001	0.036
次文化系统	流行亚文化									0.041	2.505①
	暴力亚文化									0.012	0.667
回归模型摘要	R^2	0.014		0.044		0.082		0.129		0.131	
	ΔR^2	0.014		0.030		0.038		0.047		0.002	
	η^2	0.013		0.042		0.079		0.126		0.127	
	F	8.653③		20.628③		24.575③		35.132③		31.511③	
	ΔF	8.653③		55.755③		29.564③		95.279③		3.9225①	

①$p<0.05$；②$p<0.01$；③$p<0.001$。

变异为 3.8%，解释力达到统计上的显著水平（$\Delta F = 29.564$，$p = 0.000 < 0.001$）；不良同伴和社区支持两个变量对网络欺凌的解释变异为 4.7%，解释力达到统计上的显著水平（$\Delta F = 95.279$，$p = 0.000 < 0.001$），由此可知，以上五个模型变量对网络欺凌的发生都有显著的预测作用。然而次文化中欧美流行文化、暴力亚文化两个变量对网络欺凌的解释变异为 0.2%，解释力未达到统计上的显著水平（$\Delta F = 3.922$，$p = 0.02 < 0.05$），由此可知，此模型对网络欺凌行为的发生具有预测作用，但解释量低于身体欺凌、财物欺凌、性欺凌、关系欺凌。

基本人口学变量中，性别变量的 β 为 0.035（$p = 0.032 < 0.05$），与女生相比男生的网络欺凌行为得分更高；年级变量上，在模型 5 中相对于初三学生，初一学生的网络欺凌行为得分更高（$\beta = 0.070$，$p = 0.000 < 0.001$）。在模型一中，年级回归系数均不显著，年级在网络欺凌行为预测上并不稳健。在家庭经济状况上，贫困家庭、低收入家庭、一般家庭、富裕家庭的学生在网络欺凌行为上没有显著差异。

个人系统中，冒险性的回归系数 β 为 0.041（$p = 0.034 < 0.05$），达到显著水平，说明冒险性对欺凌行为具有正向预测作用，冲动性的回归系数不显著。在模型 2 中，冲动性和冒险性的回归系数都是显著的，添加了家庭学校系统变量后冲动性的回归系数不显著。在初中生生活的家庭学校系统中，只有教师压力对网络欺凌行为的影响的回归系数达到了显著水平，其回归系数 β 为 0.137（$p = 0.000 < 0.001$），对网络欺凌行为的影响为正向，说明教师压力对网络欺凌具有显著影响。父母依恋、学校依附、家庭压力、学业压力回归系数皆未达到显著水平。

在初中生生活的外部系统中，不良同伴对网络欺凌行为的影响的回归系数达到了显著水平，其回归系数 β 为 0.237（$p = 0.000 < 0.001$），对网络欺凌行为的影响为正向。社区支持对网络欺凌行为的影响的回归系数不显著，对网络欺凌行为不具有显著的预测作用。

在初中生生活的宏观系统中，对欧美流行文化回归系数 β 为 0.041（$p = 0.012 < 0.05$），达到了显著水平，且与网络欺凌的影响为正向。暴力亚文化回归系数未达到显著水平，对网络欺凌行为不具有显著的预测作用。

综上所述，根据校园网络欺凌模型得出：男生相比女生，初一相比初三，男生与初一年级学生更容易对他人实施网络欺凌行为。教师压力大、参与不良同伴活动、追捧欧美流行文化的学生更容易对他人实施网络欺凌行为，其中不良同伴（$\beta = 0.237$）、教师压力（$\beta = 0.137$）、流行文化（$\beta = 0.041$）、冒险性（$\beta = 0.041$）对网络欺凌的发生具有较强的预测作用。

6　校园欺凌的识别与测评方法

6.1　理解校园欺凌的基本特征

本书细化了校园欺凌的三个典型特征，即力量非均衡性、故意伤害性以及重复发生性的具体内涵，并在此基础上提出了校园欺凌其他四个延伸特性——普遍性、隐蔽性、侮辱性与难以反抗性。在此基础上发现校园欺凌的发生有一个同伴之间互动交往的过程：欺凌者通过观察发现可以欺凌的对象，经过尝试探索与再次探索确定欺凌对象，继而不断试探形成稳定的欺凌关系。

对于校园欺凌的原因，本书从欺凌者角度入手，根据访谈资料将学生欺凌的心理需求分类，认为典型的欺凌者个体心理需求包括以下五种类型：引起注意型、宣泄压力型、同伴认同型、故意玩乐型、财物获取型等。

根据访谈欺凌者欺凌行为的发生编码分析，对58个欺凌者特征项目中进行二级编码，提炼出五大核心维度9个因素进行探讨。其中，个人因素方面，主要分为生理因素与心理因素等内容；家庭因素包括父母依恋、父母教养方式、家庭压力三项内容；学校因素包括学业压力、师生关系两项内容；同伴因素主要指不良同伴以及参与的越轨行为一项内容；文化因素包括非主流文化的影响。

面对欺凌情境，学生的主要应对方式是求助自己的老师，其次才是找朋友、找家长。大多数欺凌情形下，被欺凌者不会告诉老师，因为老师的处置如若没有效果，会为自己引来变本加厉的欺负。只有欺负过度、情节严重的欺凌事件才希望老师介入，其余情境都希望独立处理、自己解决。访谈中发现，初中阶段的学生，并不希望父母过多参与自己的社交生活，希望在家中受到类似于成年人一样的待遇。然而老师处置方式较为单一，以批评教育、体罚、叫家长、回家反省为主。对于老师的处置方式，学生普遍认为对欺凌者作用不太大，只是形式上安慰被欺凌者，解决不了根本问题；也有学生反映，当场制止教育，并同时与欺凌者和被欺凌者谈话，会取得良好的效果。而学校的反欺凌教育，多以班会、校会、观看教育视频与讲座为主，对校园欺凌行为的预防作用有限。

校园欺凌事件处理过程中，老师起到重要作用。在处理冲突事件时，体罚是许多管教策略中常被使用的策略之一。惩罚模式或许可以取得快速抑制偏差行为的效果，但却无法达到长期减少偏差行为的效果。有研究证明，对于最常出现偏差行为的孩子而言，惩罚模式是相对最没有效果的（Hendry，2009年）。有一种误解认为欺凌仅仅是教师处理工作中的一部分，只需要通过基本的批评教育或者体罚就可以解决问题，但如果没有经过专业化培训，老师也很难识别、判断以及处理欺凌。另外，老师通常会低估欺凌的比例。一项研究表明，57%的教师认为学校中只有低于10%的学生受到欺凌，而事实上学校的欺凌比例可能高达31%（Hazler，2001年），这说明老师在欺凌方面的认知与事实存在差异。而大多数学校的欺凌教育较为单一，以班会、校会为主，缺乏有效的引导方式。

6.2 识别校园欺凌的行为类型

本书根据量表编制的标准范式，按照项目分析、探索性因素分析、验证性因素分析以及信效度检验等步骤，编制了"初中生校园欺凌行为量表"，该量表一共26题，分为五个维度，具有较好的内部一致性信度、重测信度、内容效度、结构效度和效标效度。

参考国内研究，尤其是台湾儿童福利基金会分类标准，本书首先将校园欺凌行为分为身体欺凌、言语欺凌、财物欺凌、性欺凌、关系欺凌以及网络欺凌等六个方面。但经过探索性因素分析，发现校园欺凌包含五个维度，分别为"身体欺凌""财物欺凌""关系欺凌""性欺凌"与"网络欺凌"，而言语欺凌不符合维度构想，不能成为独立维度。

对于言语欺凌没有形成独立维度，本书给出的解释是：首先，言语不具有独立性，作为一种工具，也成为身体欺凌、关系欺凌、性欺凌、网络欺凌等欺凌形式的手段，分布在其他各个维度之下。如网络欺凌过程中，往往使用文字、短信等进行发布与转载，那么这种文字的传播就是一种言语欺凌。言语欺凌中的辱骂、侮辱性绰号，和性欺凌的部分实质相交叉，因此很难脱离其他维度，单独成为一个维度。其次，言语欺凌过程具有交互性，通常不会只有欺凌者辱骂，而被欺凌者不还嘴的状况，以互相对骂为主。如若欺凌者一味辱骂，而被欺凌者不反抗，欺凌者要么会停止攻击，要么就会采用其他更直接的欺凌方式攻击。因为被欺凌者的无动于衷，会让欺凌者觉得索然无味，这种情景往往不会形成欺凌关系。

本书对于校园欺凌中身体欺凌、财物欺凌、性欺凌、关系欺凌、网络欺凌的定义如下：身体欺凌指对他人用肢体或者使用工具进行攻击，导致被欺凌者的身体留下明显的伤痕或者破坏等；财物欺凌主要包括对他人书本、衣物、钱财、饭卡等个人物品或者常用公共物品的故意藏匿、破坏以及掠夺；性欺凌并非情节严重的性侵、强奸等，而在初中生阶段，性欺凌包括有意无意的碰触、偷摸某人身上的敏感部位等，以性征取绰号和对性发育的取笑，散播性相关谣言或者对同性恋或者性取向不明确的学生的嘲笑等；关系欺凌不仅指切断他人的社会交往，或刻意排挤、忽略，更强调的是在关系中的控制操作的目的，比如强迫某人做不愿意做的事情，故意控制别人等；网络欺凌指的是通过手机、电脑等在社交平台或者聊天室等对他人发起的攻击，如散播对别人不好的谣言、匿名骚扰别人或者未经允许发布或者转载别人的照片或者视频等。

校园欺凌行为量表内部一致性系数在为 0.775～0.847 之间，总量表是 0.915。分半信度在 0.677～0.838 之间，总量表为 0.823，说明量表的内部一致性较好。时隔三周以后施测，总量表的重测信度为 0.687，各维度在 0.625～0.861 之间。这说明该量表前后测一致性相对理想，较为稳健，量表可靠性较好。

6.3　定义校园欺凌者的范畴

6.3.1　欺凌者基本定义

为了更好地理解欺凌现象的实质，本书进一步对欺凌者进行定义。定义欺凌者对于制定欺凌防治措施具有重要的现实意义，因为一切欺凌防治最终都是以欺凌者作为主体进行实施的。同时考虑到欺凌防治策略通常基于风险预防的角度，因此本书在定义欺凌者时采取相对保守的方法：

（1）单个题目得 1 和 2 分视为非欺凌行为选项，3、4、5 分视为欺凌行为，当某欺凌类型中超过 50% 的选项为 3 分或 3 分以上，则视为该类欺凌行为显著（张文新，1999 年；罗品欣，2014 年）。

（2）根据上述方法对数据进行统计，确定了每个欺凌类型的单项值。如果某类型得分高于单项值，则视为欺凌者。

（3）根据上述方法对数据进行统计，最终确定欺凌者总分的范围是 ≥50。

（4）在确定取值范围时采用取整的方式，并尽量采用末尾数取 5 或者 0。例如某项的统计结果是 21，但是考虑到数据本身存在的不确定性，从保守原则出发取值调整为 20。

表 6-1 中给出了欺凌者、潜在欺凌者和非欺凌者的具体标准。对于欺凌者，根据其欺凌的行为特性进一步定义了 6 类欺凌者角色：身体欺凌者、财物欺凌者、性欺凌者、关系欺凌者、网络欺凌者，以及混合欺凌者（同时符合多个欺凌类型）。

根据统计结果，在参与调查的学生中，欺凌者占比为 11.91%；而在欺凌者中，身体欺凌者比重最高（29.18%），其次为混合欺凌者（23.29%），网络欺凌者（19.29%）和关系欺凌者（11.53%）；再次，财物欺凌者和性欺凌者比重较小（分别为 9.65% 和 7.06%）。值得注意的是，有 21.33% 的人群可视为潜在欺凌者，其中聚集了对欺凌行为态度模糊不清，可能演化为欺凌者的人群。对潜在欺凌者的识别具有重要的实际意义，如果处理不当可能会导致欺凌现象快速上升。

表 6-1 欺凌者定义标准

欺凌总分	类别	子类	单项值	单项占比/%
≥50	欺凌者	身体欺凌者	≥15	29.18
		财物欺凌者	≥20	9.65
		性欺凌者	≥30	7.06
		关系欺凌者	≥15	11.53
		网络欺凌者	≥20	19.29
		混合欺凌者	—	23.29
	小计		425	11.91
40~49	潜在欺凌者		761	21.33
35~39	非欺凌者		2382	66.76
总　计				100.00

6.3.2 欺凌者分布特点

表 6-2 总结了性别和年级的欺凌者分布情况。从数据来看，男生多于女生，低年级高于高年级男生的欺凌者比例（8.02%）显著高于女生（3.90%），随着年级增长，欺凌比例有所下降。

表 6-2 欺凌者分布情况 　　　　　　　（%）

	非欺凌者	潜在欺凌者	欺凌者
男生	31.61	12.22	8.02
女生	35.15	9.11	3.90
总计	66.76	21.33	11.91
初一	23.46	7.60	5.02
初二	22.79	7.01	3.62
初三	20.52	6.73	3.28
总计	66.76	21.33	11.91

6.3.3 一种快速鉴别方法

上述的欺凌者定义基于本书设计的全部 26 个问题。尽管在设计问卷时已经尽可能进行简化，但在实际操作中，大规模的问卷发放必须充分考虑效率和成本问题。此外，与心理学研究者不同的是，学校、老师和家长也常常需要一种较为简便的管理工具，因此本书尝试提出一种更为快速的欺凌者鉴别方法，这一方法适用于对效率要求较高的情形，例如对欺凌问题的首次粗略评估，对大规模人群的筛查等。

本书对全部 26 个题目的回答情况采用二步聚类分析，发现可以采用其中的 10 道题目进行有效的欺凌者鉴别。为了与前述的基本定义方法进行区别，将其分类结果称为人畜无害型、小打小闹型和欺凌型。图 6-1 给出了聚类分析的结果，其中横轴为问题编号，纵轴为分数均值。根据这一方法，欺凌型的分数为高于 25 分，小打小闹型的分数为 15~24 分，低于 15 分为人畜无害型。

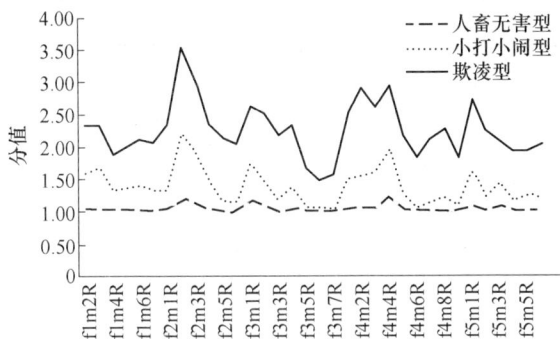

图 6-1　一种快速的鉴定方法

在上述 10 个题目中，网络欺凌因素被排除在外，这也符合实际情况。由于很多学校对手机等通信工具进行了严格管理，而且网络欺凌也很少是学校所能干预的区域，因此将网络欺凌因素排除在外并不会影响该方法的有效性。

6.4　量化校园欺凌的关键因素

6.4.1　模型设计

根据生态环境理论，按照微观系统、中间系统、外部系统、宏观系统的顺序探讨不同系统对欺凌行为的影响，分为 5 个模型：第 1 个模型用于分析基本人口学变量对欺凌行为的解释力。参照罗品欣等（罗品欣、陈李绸，2014 年）以往对欺凌行为的研究，选入的变量包括性别、年级、家庭经济状况。第 2 个模型为个人系统，莫恩（Moon 等，2015 年）认为，自我控制能力低的人更容易实施欺凌行为，本书引用莫恩的结论考察个人自我控制对欺凌行为的解释力。选入的变量包括冲动性、冒险性。第 3 个模型为家庭、学校系统，参照艾瑟姆等人（Ethem E. 等，2015 年）对欺凌行为的研究，考察家庭学校的依恋和压力对欺凌行为的解释力。选入的变量包括家庭依恋、学校依附、家庭压力、学业压力、教师压力。第 4 个模型分析社区支持系统对欺凌行为的解释力。参照莫恩（Moon 等，2011 年）等对欺凌行为的研究，选入的变量包括不良同伴关系、社区支持。第 5 个模型考察文化系统对欺凌行为的解释力。参照尤金等人（Eugene T 等，2001 年）对欺凌行为的研究，选入的变量包括欧美流行文化、暴力亚文化。模型如下：

$$ZBully = \beta_0 + \beta_1 Gender + \beta_2 Grade_1 + \beta_3 Grade_2 + \beta_4 Economic_1 +$$
$$\beta_5 Economic_2 + \beta_6 Economic_3 + \beta_7 ZImpulsiveness +$$
$$\beta_8 ZRiskTaking + \beta_9 ZAttachParents + \beta_{10} ZAttachSchool +$$
$$\beta_{11} ZNegEvants + \beta_{12} ZStrainSchool + \beta_{13} ZStrainTeacher +$$
$$\beta_{14} ZPeerInfluence + \beta_{15} ZNeiborhoodSupport + \beta_{16} ZWestInflue +$$
$$\beta_{17} ZDiviantCulture$$

式中，$Gender = 1$，是男生，女生是 0；$Grade_1 = 1$，是初一，否则是 0；$Grade_2 = 1$，是初二，否则是 0；$Economic_1 = 1$，是富裕，否则是 0；$Economic_2 = 1$，是一般，否则是 0；$Economic_3 = 1$，是低收入，否则是 0。

本书一共有 6 个回归模型：欺凌总分为总模型，身体欺凌、财物欺凌、性欺凌、关系欺凌、网络欺凌为五个分维度回归模型。欺凌总分回归模型解释量为 0.323，表示本研究选取的自变量对欺凌行为总体解释率为 32.3%。身体欺凌模型解释率达 0.255，财物欺凌解释量为 0.208，性欺凌解释率量 0.233，关系欺凌解释量为 0.209，网络欺凌解释量为 0.131。该回归模型对网络欺凌解释率相对身体、财物、性欺凌、关系欺凌较低，说明网络欺凌发生的原因与其他欺凌存在差异，实施网络欺凌的原因需要进行其他探索。

不同的欺凌方式有不同的特点，影响因素也不尽相同（见表 6-3）。微观系统的个人因素中，冒险性在身体欺凌、性欺凌、网络欺凌中有预测作用。家庭压力在财物欺凌、性欺凌、关系欺凌、网络欺凌中有预测作用。学业压力与性欺凌、关系欺凌呈现负相关，说明学业压力越大、学生越不容易实施性欺凌与关系欺凌。父母依恋对身体欺凌具有预测作用，呈现负相关，说明与父母关系越好的学生，越不容易对他人实施身体欺凌。社区支持与性欺凌呈显著负相关，说明与邻里关系越融洽，越不容易实施性欺凌行为。欧美流行文化对于性欺凌存在显著负相关，说明受欧美流行文化影响越大，越容易实施性欺凌。而欧美流行文化与关系欺凌、网络欺凌紧密相关，受流行文化影响越大越不容易实施关系欺凌和网络欺凌。对于暴力亚文化认同程度越高，越容易对他人实施财物欺凌、性欺凌、关系欺凌以及网络欺凌。值得注意的是，教师压力与不良同伴在身体欺凌、财物欺凌、性欺凌、关系欺凌、网络欺凌中均具有预测作用，且影响均为正向，说明教师压力越大、参与不良同伴的活动越多，越容易对他人实施身体欺凌、财物欺凌、性欺凌、关系欺凌、网络欺凌。

表 6-3　校园欺凌的显著性影响因素

阶层变量			欺凌总分	身体欺凌	财物欺凌	性欺凌	关系欺凌	网络欺凌
基本人口学变量	男生	女生	* * *	* * *		* * *		* * *
	初一	初三	* * *	* * *	* * *	*	* * *	* * *
	初二	初三	* * *	* * *	*	* *	* * *	* * *
	富裕	贫困	* *	* * *	* * *		* * *	* * *
	一般	贫困	* * *	* * *	* * *		* * *	* * *
	低收入	贫困	* * *	* * *	* * *		* * *	* * *
个人系统	冒险性		* *	* *		* *		* *
	父母依恋			- *				
家庭学校系统	家庭压力		* * *		* *	* * *	* * *	* * *
	学业压力						- *	- *
	教师压力		* * *	* * *	* * *	* * *		* * *
不良同伴和社区	不良同伴		* * *	* * *	* * *	* * *	* * *	* * *
	社区支持						- *	
文化	流行文化					*	- *	*
	暴力亚文化		* *		* *	* *	* * *	* *

6.4.2　总体讨论

在阶层回归模型中，对于性别的差异，不能简单地从欺凌与否来判断，需要依照不同类型的欺凌形式进行区分。本书发现身体欺凌、性欺凌、网络欺凌存在明显的性别差异，男生比女生更容易参与这三种类型的欺凌，而在关系欺凌与财物欺凌上，性别差异并不显著。这一结论与史密斯（Smith，1999 年）、杨（Young，2003 年）等人研究结论不一致，两者都认为男生更倾向于身体欺凌，女生更多采用关系欺凌。该结论的不一致是否由于国内外学生价值观念、交往方式不同所引起尚有待考证。

初一学生比初三学生更容易实施欺凌行为，初二学生比初三学生容易实施欺凌行为，初一与初二差异不显著。此结论与郑希付初一到初三欺凌他人的行为出现上升趋势的研究结论不一致（2000 年），与艾瑟姆（Ethem，2015 年）结论一致。一种解释是初三年级伴随着升学的压力，学生往往参与欺凌的时间与精力大大减少，会出现一个新的欺凌低谷；另一种解释是，初三是一个重要的分水岭：在初三这一年，某些不喜欢学习、调皮捣乱的学生往往被劝退、开除或者进入职业中学学习，继而离开了原先所在的普通中学；还有一种对于初一年级欺凌率较高的解释为：个体在步入新的环境时表现出较高的攻击性，为的是在新的环境中形成自身的权威。有研究曾经追踪小学升初中的学生的欺凌行为变化，发现当从小学最高年级进入到初中最低年级时，初一学生，尤其是男生，往往通过欺凌他人建立优势。一旦统治地位确立，欺凌行为会减少（Pellegrini 等，2000 年）。另有研究表明，校园欺凌以初中一年级与高中一年级的高发生率作为两个高峰阶段（Wigfield，1991 年）。本书倾向于后一观点，即欺凌是在新的环境与社会群体中获得地位的一种主要方式。

大量文献都强调了贫穷对个体，尤其是对青少年发展的不利影响。布莱尔认为，贫穷的物质环境和社会心理环境会对儿童的成长发育带来不利的影响（Blair 等，2012 年）。贫穷不仅仅是资源的贫乏，也以不同的方式影响着家庭，如父母的不良养育方式、恶劣生活环境带来的潜在危险性等。无论是男性还是女性，贫穷都是青少年偏差行为的最有力预测指标（Shaw 等，2014 年）。本研究中，穷困家庭的学生在身体欺凌、财物欺凌、关系欺凌与网络欺凌方面，比富裕家庭、一般家庭、低收入家庭更容易实施欺凌行为，但是在性欺凌上，家庭经济条件并不存在显著差异。

低自我控制的个体往往是冲动性的、冒险性的，因此更容易实施偏差行为和犯罪。有研究表明，低自我控制的学生更容易实施校园欺凌行为攻击别人（Vera 等，2013 年）。本书与莫恩的研究一致认为，认为自我控制能力较差的学生更容易实施校园欺凌行为（Moon 等，2015 年），尤其是冒险性与身体欺凌、性欺凌、网络欺凌呈正相关，对校园欺凌行为的发生具有预测作用。家庭压力主要包括家庭负性事件以及父母婚姻关系。本书研究表明家庭压力与财物欺凌、性欺凌、关系欺凌、网络欺凌的发生呈显著正相关，与帕奇（Patchin，2011 年）、苏萍（2017 年）等人结论一致。校园欺凌类型中，只有性欺凌与社区支持呈负相关，说明个体与邻里关系越好，越不容易对他人实施性欺凌，与库克等人的结论一致（Cook 等，2010 年）。

对于学业压力，国外的研究普遍认为，学习压力越大越容易发生欺凌行为，本研究与卡特等人（Carter 等，2010 年；Hyunseok，2013 年）的结论不一致。因为在中国学习压力越大，学生越不容易实施性欺凌与关系欺凌，而学业压力对身体欺凌、财物欺凌与网络欺凌没有显著影响。对于学业压力的预测作用的差异可以有两种解释：第一，在中国的教育环境下，学生、教师、家长对于成绩给予相当的重视，认为成绩由苦读提升而来，中国学生一直保持较高的学业压力，若出现成绩不好的情况，就会觉得没有颜面，而美国文化中，更讲究个体全面平衡发展，当学业压力过大时，可能由此激发欺凌行为。第二，性欺凌与关系欺凌在目的上不同于财物欺凌的物质需求，在方式上也不如身体欺凌更为直接，而是类似于在闲暇时间的不当娱乐活动，当出现较为沉重的学习压力时，便没有时间考虑从事性欺凌或者关系欺凌精力。

欧美流行文化对性欺凌、关系欺凌与网络欺凌具有良好的预测作用，性欺凌、网络欺凌与欧美流行文化呈正相关，而关系欺凌与欧美流行文化呈负相关。这在一定程度上说明，欧美流行文化中的不同元素对中国学生的影响存在差异，需用辩证的眼光看待国外流行文化。青年尤其是未成年是美国文化制品的主要消费群体，尤其是美国电影与电视剧是学生群体追捧的主要对象。对北京和上海等几个大城市的一项调查显示，赞成美国电影和电视节目的高中生和大学生的人数比喜欢中国电影和电视节目的人数多出 24.6%（董娅，2002 年）。而美国文化中的享乐主义、色情、黑客和恐怖主义等镜头与画面也反映了真实的美国生活，对未成年的世界观与价值观产生潜移默化的影响。目前，国内对性教育的普及相对薄弱，家庭和学校对于未成年性认知的普及不够全面，使得性的问题因本身所具有的冲击力被涂抹上一层既神秘又具诱惑力的色彩，而欧美流行文化中的色情、暴力正是一种催化剂，一定程度上刺激了未成年人对性的探索与冒险行为。美国文化强调个人价值，以个人主义为核心，强调个人奋斗实现的自我价值。而中国这样的东方文化强调集体主义，更在意个人在群体中的定位，强调合作，彼此之间关系较为紧密。如若个体受到美国文化中关于个人主义的影响，一定程度上会削弱对关系欺凌的关注，根据这种解释，学生对欧美流行文化越认可，越不容易对他人实施关系欺凌。

教师压力是校园欺凌发生的重要影响因素，主要指的是学生在校期间与老师不良的互动，造成紧张的师生关系。在儿童发展过程中，脱离原生家庭之后，会在学校完成大部分社会化的过程，与老师的相处便是学生必须面对以及学习适应的重要关系。老师在互动中处于控制与支配的一方，往往成为学生学习模仿的对象。教师对待欺凌者的态度与行为，也往往成为欺凌者对待其他同学的一种反应。有研究表明，老师体罚对学生欺凌有着密切影响，即老师使用体罚的手段来处理问题时，一定程度上会加剧学生之间的欺凌发生（朱新筱等，2005 年）。除此之外，教师压力会影响学生欺凌行为的发生，也可以使用挫折攻击理论解释这一现象，即现实中来自挫折的体验会以另外一种攻击更弱小个体的方式进行缓解，与许多学生口中解释欺凌原因是心情不好、发泄不满的情况相一致。相反，积极、和谐的师生关系也会成为减少校园欺凌发生的一种保护和抑制因子，减少校园欺凌行为的发生。老师的管教方式会直接作用于师生关系，严苛的权威型管理方式会使学生情绪不安、恐惧，形成一种高压状态，这种来自教师的压力反过来又影响学生之间的交流互动。而民主型的管理方式使学生效率更高，学生之间关系也更融洽。

不良同伴的影响是校园欺凌行为发生的另外一个重要影响因素。国外对于不良同伴的研究由来已久，最早也是从"mobbing"一词而来，指的是乌合之众、群体骚乱，强调群体对于个人的攻击行为的影响（Arora，1996年）。皮卡斯也有类似的研究，认为欺凌是群体影响下的暴力，个体与群体互动中相互强化着对方的行为（Pikas，1975年）。萨米瓦利也认为，欺凌是一种社会行为，发生于较为固定的群体，而校园欺凌中的集中性正好为欺凌的滋生提供了土壤（Salmivalli，1996年）。本书对不良同伴与学校朋友做相关性分析，发现两者的相关关系并不显著，表明不良同伴并非学校、班级中的朋友，应该是学校以外认识的不良群体中的"朋友"。拥有不良同伴的学生往往因学习成绩不好、在学校里面不受欢迎产生某种孤独感，而这种孤独感促使这类学生加入不良群体，寻求认同，从而进一步加剧离群倾向并实施更多的偏差行为（Coie，2004年）。另有研究表明男性以及年龄较小的青少年交往不良同伴更易出现偏差行为（王素华等，2013年）。这就不难解释为何男生往往比女生更容易实施欺凌行为，初一、初二比初三年级更容易实施欺凌行为。

不良同伴的类型包括爱打架闹事者、常旷工逃学者、学习与品行都不好者、有偷摸行为者、辍学生、社会闲散人员等（张远煌，2012年）。这些个体通过朋友之间相互介绍认识，以吃喝玩乐为目的聚集在一起，凑成自己的帮派，形成一个亚文化环境。这样的帮派文化又与暴力文化息息相关，这种不同于主流文化的意识形态影响着这些认同暴力文化的个体，认为使用暴力解决问题最直接有效。除此之外，群体聚集还会产生"去个性化"的结果。国内校园欺凌事件的审理过程中，几乎每个欺凌者小团体中，都会有学生声称自己处于团体压力才会对被欺凌者实施欺凌行为。在某些特定的情况下，聚集在一起形成的群体会显示出全新的特征，变得只关注眼前利益而不考虑后果，表现出非理性与攻击性。这种不良同伴的群体施压与暴力亚文化的交互作用，使得处于不良同伴群体中的学生变得更加具有攻击性，更容易对他人实施校园欺凌行为。

总而言之，本书的研究表明，欺凌行为是由多个变量引起的。其中教师压力与不良同伴两个变量始终较为显著，对学生参与校园欺凌具有良好的预测作用。此外，人口统计学变量为持久和中等程度的显著，对于不同欺凌类型有不同的解释。利用强制回归分析的优点是每个变量都会进入最后的回归模型，且每个变量的影响都与其他变量无关，因此使用 β 系数可以了解不同模型中每个变量的影响大小，并看出五层结构的系统内，哪一层是欺凌最重要的预测因子。从本书分析结果可以看出中间系统的教师压力与外层系统的不良同伴对最终的模型贡献最大。

7 校园欺凌的预防与干预对策

一旦学校决定重视校园欺凌问题，那么学校必须要明确工作原则与计划，出台预防与干预欺凌的全校参与的政策以及实施细则。首先，要正视校园欺凌是普遍存在的事实，这种接纳包容的态度是反校园欺凌的第一步。其次，只有做到全校主动参与，才能全面落实对校园欺凌的预防与干预，达到最好的效果。对于校园欺凌，零容忍是没有效果的。越强硬的高压政策，可能让学校变得更加暴力。因为零容忍往往采用果断且带有惩罚性质的行为，不能教育学生如何解决校园欺凌以及远离暴力。所以，一项有效的反欺凌政策一定是全校自下而上发动的，由学生主动参与的反欺凌政策。这种政策指的是在教师的有效指导下，增强参与意识，端正参与动机，提高参与能力，从而体现学生的主体作用。参与意识是学生对反欺凌活动积极投入的意愿。学生有了参与意识才会有强烈的投入欲望，才会有积极的参与行为。学生的参与意识必须依靠教师的启发诱导。教师不仅要把握对于校园欺凌的教学，来诱发学生的参与意识，同时也要设计丰富有效的情境沉浸体验活动，让学生在情境中学会识别、正确对待校园欺凌。

校园欺凌的预防体系与干预对策会依据工作目标的不同出现关注重点的不同，应分析对比中国与其他各国校园欺凌问题，寻找适合中国国情的预防与干预对策。从制定工作目标角度可以分为短期目标、长期目标、阶段目标等。从预防人群的不同角度入手，可借鉴的国内外成熟方案各有千秋，如 Olweus 欺凌防制方案、KiVa 反欺凌方案、台湾橄榄枝修复式正义实践等。从干预的角度出发，对于欺凌事件本身，存在三种处理方式——惩罚法、结果导向法与感情回应法等。从欺凌事件对学生的创伤程度可以分为简单性、孤立创伤，复合性、持续创伤，复杂性人格障碍创伤等。下文中着重介绍三个影响力广泛、效果显著的校园欺凌预防与干预方案。

7.1 奥维斯反欺凌方案

作为最早研究校园欺凌的学者，奥维斯（Dan Olweus，1978 年）以中小学生为切入点，进行校园欺凌的预防与干预，发起了奥维斯欺凌预防计划（Olweus Bullying Prevention Program，OBPP）。20 世纪 80 年代，奥维斯在实行计划的学校制定反欺凌法规，认为学生的安全感是一项基本人权，学校应该提供安全、和谐的校园氛围，这直接影响了瑞典对于欺凌的立法。随后，挪威、美国的 50 多个州也效仿立法。20 世纪 90 年代，奥维斯根据美国现状，制定实施美国化的奥维斯欺凌预防计划，受到广泛好评。

奥维斯反欺凌方案是一项包含家庭、学校、班级、个人及社区在内的综合性方案，聚焦长期营造安全与和谐的学校气氛，对象为学前儿童到中等教育阶段，通过学校层次的欺凌风险评估、家长培训会，班级层次的班亲会，个人层次的相互监督、积极阻止欺凌以及社区层次的欺凌防制人员培训与反欺凌的宣传等改善学生之间的同伴关系，减少欺凌行为的发生（Olweus，2010 年）。

7.1.1 奥维斯欺凌预防计划的理论依据

青少年在学校的学习、生活以及人际交往活动中，既有保护性因素也存在风险性因素，学生的欺凌意识与行为在这种互动中具有重大的指导意义。保护性因素指的是保护青少年在学习、生活过程中安全、有序，抑制风险与不良行为的消极影响，起到积极影响和缓冲危险的作用，包括亲社会行为、良好的同伴互动、亲密的父母依恋等。风险性因素是指可能不良行为产生的越轨甚至犯罪等结果，包括混乱学校氛围、教师对欺凌持的冷漠态度、反社会行为、青少年叛逆性、同伴间鼓励反社会性行为、缺乏父母监督等。奥维斯欺凌预防计划致力于减少风险性因素的发生，增加保护性因素的积极影响和缓冲作用，通过这种方式来减少和制止学生之间现实存在的欺凌问题，预防新的欺凌问题产生，实现更好的同伴关系，最终营造安全和谐积极的学校环境。

奥维斯欺凌预防计划主要囊括学校、班级、个人和社区四个层面的内容，主要目标都是为了增加不同群体对校园欺凌的认识，鼓励教师和家长参与欺凌的预防，为被欺凌者提供支持和保护等。不同层面侧重点不同，以实现减少青少年反社会行为作为最终目标。个人层面，奥维斯欺凌预防计划的目标可分为三个方面：

首先，通过认识与理解的普及，增强学生对校园欺凌问题的了解；

其次，过程与方法的学习，明确学生掌握某种反欺凌技能，在遇到欺凌伤害时，可以做出适当的反应；

最后，情感与态度的培养，培养学生坚决反欺凌的态度。

不难看出，个人层面的工作内容主要是个体反欺凌能力的训练与提高，对于学校层面、班级层面和社区层面分别侧重于改进学校氛围、提升对于欺凌的应对意识以及增强社区反欺凌意识。

学校层面的主要内容包括建立欺凌预防协调委员会、委员会成员和教师培训、介绍学校反欺凌行为准则、优化学校的监督制度、鼓励父母反欺凌预防活动等；班级层面的主要内容包括：发布并执行全校范围的反欺凌规则、定期举行班级会议、与学生家长举行会议；个人层面的主要内容包括监督学生活动、制定旁观者干预计划、与参与欺凌的学生和参与欺凌学生的家长举行会议、提供心理帮扶；社区层面的主要内容包括社区成员参与欺凌预防协调委员会、传播反欺凌信息和最佳实践做法等。以上四个层面的内容并非相互独立，而是相辅相成、互相支持补充，通过四个层面内容的相互作用，共同致力于提高青少年自尊心，减少抑郁发生率，增强青少年对学习的关注，提升对欺凌问题的认识，习得预防校园欺凌的相关技能，从而减少欺凌发生率，增强同伴间积极的社会关系，改善学校的秩序和纪律，提高学生对学校生活的满意度，强化学生对学习和生活的积极态度，最终逐步实现减少青少年反社会行为的长远目标。

7.1.2 奥维斯欺凌预防计划的基本措施

在实践与研究中，奥维斯欺凌预防计划形成了科学的欺凌预防和干预的评估体系与干预方法。为了预防校园欺凌事件的发生，启动全校学校环境中的每个参与者，包括教师、行政人员、其他非教学人员（如校车司机、医护人员、食堂工作人员和学校图书管理员等），让所有有可能目睹、参与校园欺凌的广泛群体通力合作，最大限度地减少校园欺凌事件的发生。

第一，评估学校欺凌状况。

奥维斯采用完善的校园欺凌测量工具，在确定欺凌治理目标前，会对学校的校园欺凌现状进行评估总结，并有针对性地进行欺凌防控布置。这套测评工具不仅仅包括欺凌率、欺凌类型以及原因的调查，还包括对欺凌高发时段、空间位置的分析。一方面可以了解学校整体的欺凌状况，另一方面也可以根据欺凌觉知问卷的调查为欺凌预防提供思路。

第二，建立专门组织来统筹欺凌预防活动。

奥维斯欺凌预防协调委员会（The Olweus Bullying Prevention Coordinating Committee，BPCC）是支持和辅助学校欺凌预防活动的专门组织。委员会的人员配置包括学校校长、年级教师代表、相关行政人员、医疗人员以及部分父母和社区代表，委员会负责学校欺凌计划的实施推进。除此之外，奥维斯欺凌预防计划会培养官方认证的校园欺凌培训师，对学校委员会成员进行专业培训，以确保学校欺凌预防活动的顺利进行。

第三，制定学校反欺凌政策与细则。

奥维斯欺凌预防计划建议学校发布明确的行为规则来应对校园欺凌，规则包括：

首先，不主动欺凌他人；

其次，对于被欺凌的学生，尽可能地提供帮助；

再者，接纳被孤立的学生，结为同伴；

最后，当知道某人处于欺凌情境时，主动告诉学校和家里的成年人。

这些规则在学校公告栏中呈现并在宣传欺凌活动时教给学生，强化对于校园欺凌的认识以及适当的矫正措施，确保学生了解成年人的期望。

第四，开展常规欺凌学习与讨论。

在班级层面，定期开展欺凌研讨会议，组织学生小组学习与沉浸式体验是奥维斯欺凌预防计划课堂活动的核心组成部分。教师每周或每两周与学生讨论一次校园欺凌、同伴关系以及其他的社会和情感问题。这些讨论与体验分享有助于教师掌握欺凌的动态，培养成年人和儿童之间相互尊重的关系，并为学生解决欺凌和其他社会问题提供工具。同时，也可以组建一个朋辈辅导小组，为成年人提供有价值的反馈意见，使学生成为创建和维持学校安全氛围的积极合作伙伴。

第五，在欺凌多发区域增加安全监督。

通过奥维斯欺凌问卷提供的欺凌高发地信息，可以帮助学校确定欺凌的多发时间与区域，有利于欺凌预防协调委员会完善学校的监督系统，从而有效减少欺凌的发生。欺凌往往发生在成年人不在场或者公共监控观测不到的地方，这种情形下，可以动用校园欺凌委员会成员增加巡逻以提高对欺凌高发时空的监管。

第六，持续和适当的干预。

奥维斯欺凌预防计划鼓励工作人员在目睹、怀疑或报告欺凌事件的同时进行干预，并为所有工作人员提供培训，以便工作人员在有必要干预时做好充分准备。另外为学生、工作人员和家长提供机会，就欺凌事件进行更深入的讨论，提出促使学生安全成长的解决方案。父母作为学校反欺凌活动的重要参与主体，奥维斯欺凌预防计划鼓励家长参与欺凌预防计划的制定和实施。学校通过家长会议和定期沟通等形式让父母了解到学校的积极努力，加强家校的联系，同时发挥家长的智慧，为反欺凌计划的实施提供支持。除此之外，奥维斯欺凌预防计划同时提供多元的支持协助，不仅有认证培训师顾问的持续协助，也有来自科研机构与高等院校的合作支持。这种多元的支持结构以及研究团队开发的欺凌预防材料为各中小学校提供了准确实施奥维斯欺凌预防计划所需的基础条件。

7.1.3 奥维斯反欺凌计划的干预效果

对于奥维斯反欺凌计划的干预效果，在反欺凌方案实施的 1 个学期中，学生自我报告中欺凌者与被欺凌者的人数减少 20%~70%，班级、学校氛围也有明显的改善（Olweus，2015 年）。有研究记录了在最初实施奥维斯欺凌预防方案后的 2~8 年的跟踪期内，继续和重复使用奥维斯欺凌问卷的 70 所小学（甲等学校）在被欺凌问题方面比同期没有进行任何奥维斯欺凌调查的 102 所类似学校（乙等学校）有明显更有利的长期发展。继续使用甲等学校的学生被欺凌的几率比乙等学校的学生低 25%（$p=0.001$），反之则高 33%。研究结果表明，继续使用的甲等学校在处理和预防欺凌的意识、准备和能力方面，已经更好地改变了它们的

"学校文化"。这种形式的"组织学习"的主要后果是，继续使用的学校从奥维斯反欺凌方案的实施和使用中吸取了一些重要的经验教训，这些经验教训将带来积极的长期发展，减少学生中的受欺凌问题（Dan Olweus、Mona E、Solberg、Kyrre Breivik，2018 年）。奥维斯反欺凌预防计划作为一个系统性干预体系，为创建良好的学校氛围，有效预防和干预校园欺凌行为做出了突出贡献。

7.2　KiVa 反欺凌项目

芬兰对校园欺凌问题的关注从 20 世纪 90 年代开始，从 2006 年正式启动 KiVa 反欺凌项目。KiVa 反欺凌项目（KiVa Anti-Bullying Program）是芬兰教育与文化部发起的全国性反欺凌方案，着重改变旁观者的态度，让旁观者挺身而出制止欺凌行为的发生，目标在于消灭已存在的欺凌，预防新的欺凌个案产生，以及减轻被欺凌的负面效果（Lauren 等，2013 年）。此方案的对象分小学低年级、中高年级以及初中年级三个群体，内容主要包括学习欺凌相关知识，通过专业人员指导、教师参与欺凌个案等方式，挖掘旁观者支持被欺凌者的同理心、自我效能感来减少欺凌行为的发生（Salmivalli，2017 年）。

KiVa 反欺凌项目覆盖范围广泛，在芬兰境内超过 9 成以上的综合性中小学校在学校课程中定制了 KiVa 项目。除此之外，欧洲各国也相继将该项目引入本国的反校园欺凌实践中，其中包括英国、德国、意大利、西班牙、比利时等 20 多个国家的学校，且该项目并未出现不适合情况，干预效果良好。

7.2.1　KiVa 反欺凌项目的理论依据

KiVa 反欺凌项目是在同伴群体互动理论的基础上提出的欺凌事件同伴参与角色假说，该理论认为欺凌事件是同伴群体互动过程中的一种不良行为，即欺凌者在同伴互动中通过某些攻击行为获得权力和社会地位。这种欺凌行为通常伴随攻击者与受害者的力量较量、损益评估以及危害程度不断加剧的恶性循环。除此之外，同伴群体中的欺凌者与受欺凌者并不是突然出现和孤立存在的，而是在动态的同伴互动过程中形成某种"角色"（欺凌者、协助欺凌者、煽风点火者、受欺凌者、受欺凌的保护者、旁观者以及置身事外者）。因此 KiVa 项目的着眼点致力于对整个同伴群体的干预，而不是仅仅是欺凌者和受欺凌的当事人。

KiVa 项目期望通过改变同伴互动的社会氛围，包括学校氛围与班级氛围，改变同伴交往的不正确理念、参与者角色（旁观者的不干预就是对欺凌的默认）等，减少欺凌事件的发生。在中小学校，学生并非单单以班级或者年级进行人际交往，如果仅仅拘泥于班级、年级不能有效地识别与发现欺凌行为，只有以学校为整体进行干预，才能取得更显著的效果，同时也更容易将学校的理念推到更广泛的社会群里中，赢得更广泛的支持帮助与协同监管。

7.2.2 KiVa 反欺凌项目的基本措施

KiVa 反欺凌项目的基本措施包含覆盖行动（universal action）和焦点行动（indicated action）两部分。覆盖行动是指对整个学校全体成员的预防性计划，通过采取一系列学校层面和班级层面的预防措施来规范同伴群体内的行为准则，并在宣传教育中传递对自己的行为负责的原则。除此之外，设法鼓励学生之间抵制欺凌与力所能及地帮助被欺凌者的行为。覆盖行动主要有三类主题：

第一类主题，针对于小学生的主题课程（theme lessons）以及面向初中生的主题日（theme days）学习计划。课程学习的主题涉及同伴群体互动与群体压力、欺凌现象的发生发展机制与不良后果，以及现实欺凌情境下的应对行为等。

第二类主题，构建反欺凌的网络学习平台。网络学习包括反欺凌电脑游戏（小学生的单机游戏）和 KiVa 街（初中生的网络论坛）。网络学习内容与学生学校课堂学习的反欺凌主题密切相关，目的在于强化学习内容、巩固知识，通过情景教学方式促进对于反欺凌技巧的领会。

第三类主题，营造全校职工参与和学生家长参与的整体反欺凌氛围。通过面对面授课或远程教学的方式培训学校职工反校园欺凌的知识和技能，并且建立教师反欺凌网络资源共享平台；鼓励学生家长学习家长反欺凌指导手册，同时在校园内张贴醒目的反欺凌宣传标语和其他材料。焦点行动是目标指向欺凌个案当事人（欺凌者和被欺凌者）的直接干预计划，其通过干预小组和当事人之间的个别交流或小组交流来了解和制止欺凌事件，并由专门干预小组来协调组织如何教育引导欺凌者和帮辅受欺凌者。

在实施 KiVa 项目中，由三名教师或学校职工组成反欺凌干预小组，该小组与班级教师一起处理他们关注到的每一个欺凌案例。在具体干预过程中，干预小组成员通过多次与欺凌者和被欺凌者会面，尽快结束正在进行的欺凌事件，然后协助班级教师挑选班内社会地位高的同学为受欺凌者提供后续支持。

7.2.3 KiVa 反欺凌项目的干预效果

KiVa 反欺凌项目的干预效果可以从以下研究结果中得到支持与认可：

2007~2009 年间，KiVa 反欺凌项目曾对 78 个学校（30 个实验学校、39 个未参与学校）进行干预对比试验。在 39 个实施 KiVa 项目的实验学校中，欺凌者和受欺凌者的人数均显著下降，且在小学生中的干预效果好于初中生。而 39 个未实施 KiVa 项目的学校中，欺凌者和受欺凌者的数量分别是实验学校的 1.28 倍和 1.3 倍。实验学校中，不仅所有形式（身体欺凌、言语欺凌、关系欺凌和网络欺凌）的欺凌事件都在显著减少，而且焦虑、抑郁等内化问题也在减少。更值得注意的是，学生对同伴群体互动氛围的积极感知开始增加，并且对学校的喜爱程度、学业动机和学业成就也都在显著增加。KiVa 项目针对欺凌个案的干预行动也具有很好的效果，98%受欺凌者报告自身处境得到了改善，86%的欺凌个案完全终止。

另有研究（Aida Midgett、Diana M. Doumas，2019）采用随机对照设计评估了短期欺凌旁观者干预对高中学生抑郁症状的影响。短期欺凌旁观者干预项目，是一个简短的独立欺凌旁观者项目，它通过训练旁观者作为保护者进行干预，教导学生成为反对欺凌的倡导者。短期欺凌旁观者干预项目的一个独特之处在于，它旨在将学校辅导员确立为项目实施的领导者，加强学校辅导员在促进全学校范围内培养安全学习环境的作用。对目睹欺凌的学生的心理相关性的有关研究表明，旁观者会经历严重的情绪困扰，目睹欺凌的高中生有患抑郁症状的风险，包括悲伤、无助、内疚和自杀意念。同时，其他研究表明，当旁观者采取行动捍卫受欺凌者时，他们报告说孤独减少，社会支持感增加（Olenik-Shemesh、Heiman、Eden，2017 年），社会接受度提高，社会排斥度降低。研究结果支持中介模型，表明参与短期欺凌旁观者干预增加了学校归属感，进而减少了抑郁症状。这项研究的结果对从事青少年工作的高中辅导员和校外专业辅导员有重要的启示——提供有助于学生在目睹欺凌时充当捍卫者的旁观者干预措施，可以增强学校归属感，从而防止与目睹欺凌相关的抑郁症状。此后，KiVa 项目很快被引入许多其他国家，其实施效果同样非常明显。

7.3 修复式正义实践

修复式正义实践（restorative practice）的概念大约从 20 世纪 90 年代开始受到重视，并逐渐成为学者讨论刑事司法制度未来的主要议题之一。修复式正义是与报复式正义相对应的一种全新的司法观，在国内外引起了学界和实务界的关注。近年来，修复式的概念也被应用于处理学校、工作场所及一般日常生活中的偏差行为与冲突事件。

7.3.1 修复式正义实践的理论依据

加拿大最早实施的罪犯与受害的和解计划（Victim Offender Mediation，1974年）是让冲突双方面对面谈话，最终达成和解，并作为法院惩罚替代方式。印度及墨西哥也在广泛使用罪犯与受害和解计划。澳洲将适用对象范围扩大到不良少年，推出家庭团体会议（family group conferencing，1997 年），减少此类群体犯罪带来的冲突与伤害。巴西使用修复圈（restorative circle）并将其应用于学校与社区的冲突上，让参与者围成圆圈，进行对话与修复关系。挪威在 20 世纪 70 年代逐渐开始用"和解与调解"（mediation and reconciliation）作为解决冲突的替代方式，特别是对微罪或者不良少年犯罪。1991 年，挪威国会更通过法律建立"国家和解服务中心"(National Mediation Service),扩大推动和解计划。

修复式正义强调的是透过对话,让个体更加了解自己、改善关系,改变自己认知,也改善社区秩序。现在修复式正义的概念逐渐推广,运用在各种问题上,例如:恐怖主义的伤害、战争的伤害、交通事故、家庭暴力、毒品治疗、少年犯罪等等,可修复式正义在解决冲突上具有优势以及灵活适用性。中国台湾橄榄枝中心的和解圈主要针对欺凌带来的冲突与伤害,透过对话圈方式修复彼此受伤的关系(橄榄枝中心,2015 年)。和解圈作为第三者介入,鼓励冲突当事人见面,解决人际冲突,促进校园和谐。

7.3.2 修复式正义实践的操作模式

修复式正义实践(对话圈)通常在校园冲突发生后使用,步骤如下:

步骤 1:会前邀请参与。

会前工作事项:评估是否适合召开橄榄枝和解圈进行对话。

首先,询问可能参与会谈成员的意愿,并搜集事件相关信息,了解孩子最关心的重点是什么;

其次,先询问造成伤害的孩子,再问被欺凌的孩子,协助孩子思考关于这起冲突事件的事实,自身的感受、影响、需要及期待;

除了冲突双方的当事人外,在当事人周围的其他人也有可能是潜在的参与者,这些人扮演的角色可能是间接当事人、支持者、缓冲者。以下将分别说明如何判定同学、师长、家长是否适合参与,及其在橄榄枝和解圈中可能扮演的角色。同学可以扮演支持者的角色,在对话过程给予当事孩子情感上的支持,帮助更好地梳理情感,进行言语表达。师长在一般校园冲突中大多扮演着权威者的角色,但在和解圈中可以扮演冲突双方的缓冲者和秩序维持者。而家长以陪同者的角色参与会议,观察自己孩子的成熟与解决问题的能力时,缓解来自家长的担忧与困惑。

步骤 2:场地的设定。

(1)确保对话场地环境舒适且不被打扰、不被窥视。

(2)所有的椅子尽量一样,以避免造成权力不对等。

(3)位置安排务必避免冲突双方过于靠近或直视。

如果各方都愿意参与会谈,在确定合适的时间后,在正式会谈前必须要选择并设定会谈进行的场地。会谈进行的场地必须确保在进行的过程中不被打扰、不被窥视。使用的椅子最好都是一样或类似的椅子,如果不一样的话也必须一样高。不管参与者的年龄、身份以及担任主持人的和解员,如果坐在不同的椅子(特别是不同高度)上可能造成不必要的权力不对等(Hopkins,2004)。座位的安排与排列也需要注意,三角形或圆形的排列可以避免冲突双方过于靠近或直视。如果一开始座位排列过近，在会谈开始前可能会有参与者将椅子向外拉。

步骤 3：事实：听听每个人的故事。

第一，说故事的原则：

大家在没有压力、安全的环境下说自己的故事；谁先发言以"对话顺利进行""公平"的原则来判定；每个人的事实在细节上一定会有出入，若参与者纠结在细节上，务必让参与者转移注意力；让每位参与者能够有机会从各自的角度去说明发生了什么，之前发生了什么而导致这个冲突；解释他们在发生时的感受，以及现在的感受。

第二，在会谈进行的过程中，可让引起冲突事件的人先发言，也可以让没法静静坐好听别人把话说完的人再发言。而重点在于让所有参与会谈的各方都感受到公平且受到尊重。在每位参与者发言之后，主持人需要将参与者所说的话做一个简短的整理。这个动作提供了三个主要的功能：这表现出最少有人在仔细聆听他在说什么；让发言者有机会澄清刚刚发言中不清楚的部分；如果出现愤怒或攻击的发言，也可藉此缓和可能升高的情绪。

步骤 4：体会事件给不同人带来的不同影响。

和解圈的重点不是"调查真相，然后宣判有罪或无罪"，而是让参与者了解彼此的感受及所受到的影响，要让冲突双方都有机会陈述因为此事件所受到的影响，同时也鼓励其他参与者陈述自身或所观察到的影响或伤害，让与这个冲突事件相关的人了解彼此的感受。修复式正义实践聚焦在谁因为这个事件而受到伤害，受到伤害的人需要什么以及如何修补这伤害。借由被欺凌者亲口描述其感受，以及如何能重新出发可以将伤害生动的呈现。一般而言，让被欺凌的孩子说明在事件发生时所受到的影响与冲击是很重要的，但是如果是年纪较小的孩子的话，可以把重点放在谈谈当下的感受（Hopkins，2004 年）。

在这个阶段发言的基本架构如下（Hendry，2009 年；Hopkins，2004 年）：

（1）邀请被欺凌者述说受到什么样的伤害及影响。

（2）询问造成欺凌者是否有需要回应的地方，同时提供让他们表达歉意的机会以及这个事件后对其造成的伤害或影响。

（3）如果被欺凌者需要的话，可邀请被欺凌者发言。

（4）是否有其他人受到影响？是怎么样的影响？

让欺凌别人的孩子聆听被欺凌孩子亲口描述其行为对别人的伤害，以及后续影响，可以激发孩子的同理心。因为同理心的激发，在这个支持的环境中让孩子由内心产生真诚的道歉。同时，被欺凌的孩子也有机会了解他不是这个事件中唯一被影响的人，还有其他人也同样受到影响。这提供了两个重要的功能：让被欺凌的孩子了解他并非孤单一人，以及避免让受伤害孩子过度强调本身受害者的形象，而激发出不必要的自私行为。如果一个人强调其被害者身份或专注于自身被害经验时，会产生"特权"的心态，认为自己所遭受的苦难已经够了，有权力可以受到更好的对待，而产生自私行为。而且这样的自私行为并不会局限在对其造成伤害的加害者，还会波及到生活中其他方面。大多数的人际冲突中（尤其是关系欺凌）并没有所谓"纯粹的被害者"，在此阶段邀请造成伤害的孩子及其他参与者述说自己所受到的影响或伤害，不但可以降低被欺凌孩子出现"特权"的态度而成为自私的受害者外；还可以让被欺凌的孩子了解自身的行为某种程度造成别人的影响、伤害，使其较愿意原谅造成伤害的孩子。

步骤 5：提出未来的具体计划。

让孩子自己提建议，尽量不要介入。只有在提供协助资源或者孩子提出带有羞辱意涵的方案时才帮助表达。当参与会谈的各方都充分表达自己的感受与了解其他人的感受后，就可以进行修复伤害与讨论未来计划的步骤了。在这个步骤中每位参与者对于如何让事情回到正轨、弥补伤害以及重新出发提出各自的建议与想法，最后汇整一个所有参与者都认同的共识。

在这个阶段发言的基本架构如下（Hopkins，2004 年）：

（1）询问被欺凌者是否有所建议可以修补伤害？以及未来如何避免类似的事件再次发生？

（2）询问造成伤害的孩子对于被欺凌孩子提出的建议是否可能做到？或者他是否有其他计划？

（3）询问主持人或其他师长可以做些什么帮助他们达成所答应的事情。

（4）再次确认参与的孩子们在这个事件中学到了什么，如果未来遇到类似的情况，可以有什么不一样的反应？

（5）摘要整理这次会谈中建设性的结果，并且感谢每位参与者的参与。

主动及共同参与在这个阶段扮演着很重要的角色。由老师或学务人员主持的会谈，常常会忍不住以师长的角色给予建议。虽然这样的建议不一定会造成负面的效果，但是并非孩子心中认为最重要、最希望看到的结果。会谈中，孩子主动提出来的方案，在师长眼中也许不是那么恰当。但是这种非上对下的观念来自孩子自身，当孩子承诺后，遵守承诺的几率会比那种自上而下指令式意见高很多。无明显压力一定要接受的状况下，当孩子承诺后，遵守承诺的几率明显高于顺从比上对下的要求。

修复式会议的正向积极的结果是借由再整合的羞耻感的机制表达完成；如果在过程中让羞耻感转变成污名化就会造成最严重的负面结果。所谓的再整合的耻感指的是，一个人对于自身的行为造成对他人的伤害感到羞愧，并正视这种羞愧的感觉，进而负起责任、尽力弥补所造成的伤害。在这样的过程中，一个人的价值不会因为单一错误行为而贬低（Braithwaite，1989 年）。如同修复式的管教态度所相信的一个好人也有可能犯错，只要能面对错误负起责任，还是能被认同的。

另一方面，如果把人与行为紧密联结，认为好人不会犯错，犯错的就不是好人。一个人只要犯错后，就藉由公开的仪式来贬低、羞辱的话，这就是所谓的污名化。而污名化并无法减少偏差行为的再次发生，反而会如同标签理论所述被经由污名化所贴上的负面标签，产生自我形象的修正或自我实现预言（Merton，1948 年），造成更多的次级偏差行为。因此，如果在会谈过程中达成的共识或计划有任何贬低或羞辱的含义，主持人必须适时介入阻止（Braithwaite，2004）。

步骤 6：重新接纳的仪式。

在共识达成后，整个和解圈也就进入最后一个步骤。这个步骤大多数是仪式行为，虽然不是用来表达不同身份孩子的意见，但对于参与和解圈的各方都有重要的意义。在此步骤主要的仪式行为有邀请冲突双方握手或拥抱，正式会谈结束后的非正式互动。

邀请冲突双方握手或拥抱的这个仪式行为，对于造成伤害的孩子以及被欺凌的孩子可能具有转折点的意义。对于造成伤害的孩子而言，这个动作可以视为当他面对自己错误行为并负起责任后，再次被接纳为团体的一员；对于被欺凌的孩子而言（尤其是校园欺凌的被欺凌者），包含了一个"赋权"意义。被邀请与造成伤害的同学握手或拥抱时，被欺凌的孩子具有决定是否接受道歉以及是否原谅的主导权。这样被赋予决定的机会以及做决定的过程，能让因长期被欺负而感到习得性无助的孩子重新感觉可以控制自己的生活。在正式会谈后，主持人可以准备一些饮料与小点心，让参与会谈的成员在享用这些食物时同时可以有些非正式、轻松的互动，这对于所有参与者而言都是一个重新开始的象征。

7.3.3 修复式正义实践的干预效果

将修复式正义实践用于学校、一般调解实践，愤怒管理团体，民间自发的反欺凌团队以及心理咨询过程中，把这些理念整合在一起成为完整体系仍在初期的探索阶段，也正在寻求一些正式的学校合作中。目前，还未将干预效果进行科学评估，有待进一步探索研究。但修复式正义实践作为本土化的校园欺凌干预方法，彰显了适合中国国情的优势，更需要扶持与实践来发展，形成中国特色的校园欺凌预防与干预体系。

7.4 尼尔森正面管教

采用修复式正义方式处理校园欺凌问题，致力于建构一个和平的校园环境，使青少年能有效的学习与成长，尤其是欺凌带来的冲突与伤害，透过对话圈方式修复彼此受伤的关系。作为第三者的介入，鼓励冲突当事人见面，解决人际冲突，促进校园和谐，其目标与价值观都与尼尔森（Nelsen ，2006）所提倡的正向管教不谋而合。在目前零体罚以及正向管教的政策下，为老师及学务人员在面对校园冲突事件提供一种有效处理的方式。教学过程运用的正向行为支持原则，在于强调营造一些能引发正向行为的环境，达到身心的和谐与人际良好的互动。教师正面管教分为三个主要层面包括正向支持气氛、合理管教措施与稳定情绪管理（Nelsen，2011 年）。结合第 5 章节的内容，教师压力与不良同伴影响是对五种欺凌形式都具有预测作用的指标。本书结合正面管教对校园欺凌的干预提出以下建议。

7.4.1 教师干预

教师作为预防与干预校园欺凌的一线工作者，处理策略对校园欺凌的防治干预起着重要作用。教师采取正面管教应以尊重学生人权为出发点，在教学的情境下运用同理心并配合辅导的技巧，避免不当的处罚方式，对学生采取交互式沟通模式与关怀引导的教育方式，引导负向行为。在整个欺凌事件的前因后果处理过程中，更需要教师运用正面管教的技巧来做到事前预防和事后补救的工作。

老师必须重视校园欺凌行为，应对已发生的欺凌行为立即处理并进行追踪辅导。对于正在处理的欺凌事件，一定要保证公平公正、责任厘清，既是对被欺凌学生以及其他旁观学生的保护，也给欺凌者与潜在欺凌者警示。

老师在教育学生时应实施正面管教，关心学生，营造良好的师生互动，努力形成和谐友善的班级文化。加强营造班级的正向支持气氛，不仅可以展现专业的素养，更可以身教教导学生运用正向的态度和正向的概念与同伴相处。具有欺凌倾向的学童也会因为教师的言教和身教，受到感化和学习运用同理心与其他的同学和平相处。

7.4.2 学校干预

学校干预可以通过培养教师正面管教的专业技能，也可以加强对学生校园欺凌认识的宣传与教育，提高学生对欺凌的感知能力与自我保护意识；同时也要重视家校联合，建立完善的家校交流制度。

首先，学校应该加强教师合理管教措施能力与实用教学的专业训练，培养教师稳定情绪管理的人格涵养，鼓励教师除了自身专业知识的提升，更要从内心关心、爱护学生，帮助每个学生健康、快乐地成长。

其次，学校应加强对学生情绪智力方面的开发与培养。情绪智力在同伴关系与校园欺凌中具有调节效果，往往"高情绪智力"的学生对于校园欺凌情形的应对能力高于"低情绪智力"的学生。因此建议：

（1）增加学习情绪智力课程，积极推动课程绩效制度，以激发教师对情绪智力教育的重视与课程质量的提升。

（2）建立情绪智力检测制度，由检测结果找出需要情绪辅导的学生，并针对不同的情绪障碍给予心理疏导。

（3）提供学生情绪表达与发泄的方式，依个案情绪种类属性的不同，审慎评估并选定专业情绪辅导教师，给予多元适性的情绪教育和指导正确的情绪表达路径，使学生通过情绪智力的提升来建立良好的同伴关系，进而降低被欺凌的风险。

最后，定期举办家长座谈，强化家庭教育功能。家长始终是学生的第一任教师，家长的言传身教直接影响学生对事情的判断以及反应。鼓励家长使用积极的管教子女的方式，这样既可以减少学生的偏差行为，亦能降低校园欺凌行为的发生。学校与家长的交流沟通，一方面可以协助家长做好学生行为自我修正，减少参与欺凌他人的可能性；另一方面可以帮助学生加强自我保护意识，提升危险识别能力。

7.4.3 家长干预

（1）改变家庭教育观念，重视子女全面发展。家长对于学生的关注不应该只停留在物质满足与学业成绩上，更应该注重对子女健全人格的培养，重视子女全面发展。关注孩子的心理健康，养成孩子独立的个性，教育孩子不惧强、不凌弱，在遇到校园欺凌事件时，及时将现象报告给家长，教师寻求帮助等。

（2）转变家长教育方式，形成和平沟通模式。转变中国传统"棍棒底下出孝子"的家庭教育方式，形成与子女和平沟通的交往模式。长期处于专制暴力管教下的学生，往往性格孤僻、不敢反抗，容易成为校园欺凌的被欺凌一方；另一种极端是有些学生模仿父母"以暴制暴"的行为，将负性情绪带到学校，发泄到其他学生身上，成为校园欺凌的欺凌者。家长应该是子女的精神港湾，在子女遇到困难寻求帮助时，应以朋友的身份关怀而非指责行为的错误是一种智慧的沟通方法。

（3）树立家长责任意识，加强与学校的交流合作。校园欺凌问题并不是单靠某一方的努力就能解决的，还需要调动家庭的力量去协助解决，因此父母要尽到家长监护教育的责任，及时询问子女在学校中的人际交往情况和同伴关系，及时向教师了解孩子在学校中的人际关系是否良好，是否存在欺凌他人或者受欺凌情况，与学校形成良好的互动交流，将家庭教育和学校教育结合在一起，为校园欺凌的防治共同努力。

对于学生与不良同伴的交往，需要老师、家长乃至全社会的共同关注。比如整治学校周边安全环境，排查社会闲散人员集中地区，加大学校内外的安全技防措施，安排安保人员进行巡逻等。校园欺凌不应该只强调欺凌发生以后的"治理"工作，而应该将重心放在"预防"欺凌上。通过不良行为发现背后深层次原因；从事后疲于应对转变为事前风险管理，实现思想上的转变。校园欺凌的防控体系的建立任重而道远。防控体系的建立不是一朝一夕，也不是依靠某个主体就能持续实施，而是要依靠政府、社会、学校、家庭等各方主体的参与支持。在研究领域也不应该只限定于教育学领域，还需要从法学、社会学、心理学乃至犯罪学角度共同研究，才能完整准确地认识校园欺凌现象，从而提出一个系统的校园欺凌预防对策，建立一个各方主体参与、系统科学的校园欺凌风险防控体系。

以上列举的预防措施，应有专业人才进行操作、辅导与理论支持。干预人员不仅需要具备心理学、社会学等相关知识背景，还要对欺凌行为的识别判断具有一定的经验。目前，中国这样的专业人才队伍的组建还处在探索阶段，从这个角度讲，对于校园欺凌的防控还有许多工作需要进行。

结　　论

对于欺凌问题的研究，尽管人们在许多方面已达成共识，但在一些术语的使用上还有一定的差异，使得学术研究存在一定的困难。本书首先对校园欺凌的内涵进行了辨析，明确了其基本定义。在校园欺凌的质性访谈基础上，将校园欺凌的内涵特征从力量非均衡性、故意伤害性以及重复发生性出发，进一步扩展出四个延伸特性：普遍性、隐蔽性、侮辱性与难以反抗性，据此发现校园欺凌的发生有一个同伴之间互动交往的过程：欺凌者通过观察发现可以欺凌的对象，经过尝试探索与再次探索确定欺凌对象，继而不断试探形成稳定的欺凌关系。

本书编制了《初中生校园欺凌行为量表》，对校园欺凌行为进行探析，该量表具有良好的信效度。根据探索性因素分析得出校园欺凌存在身体欺凌、财物欺凌、性欺凌、关系欺凌、网络欺凌等五个维度，将其用于对校园欺凌中欺凌者的识别与辨认，可将欺凌者划分为六种类型：身体欺凌者、财物欺凌者、性欺凌者、关系欺凌者、网络欺凌者以及混合欺凌者等。在参与调查的学生中，欺凌者数量占比为11.91%，其中身体欺凌者比重最大（29.18%），其次为混合欺凌者（23.29%），网络欺凌者（19.29%）和关系欺凌者（11.53%）再次，财物欺凌者和性欺凌者比重较小（分别为9.65%和7.06%）。

根据社会生态系统理论，本书分析了个人因素、家庭学校因素、不良同伴与社区因素、文化因素对校园欺凌成因的影响，发现不同欺凌形式的影响因素存在差异。在解释欺凌行为发生的影响因素时，不应该局限于讨论有无进行欺凌行为，而应该着眼于不同类型欺凌因素的讨论。冒险性、父母依恋、家庭压力、学业压力、社区支持、欧美流行文化、暴力亚文化对不同欺凌类型均具有预测能力。其中，冒险性、家庭压力、暴力亚文化变量的影响为正向；父母依恋、学业压力、社区支持变量影响为负向，欧美流行文化依据不同欺凌类型，既有正向也有负向。值得注意的是，教师压力与不良同伴对于不同类型的欺凌方式均有良好的预测能力。

附　　录

附录1：中学生人际关系访谈提纲

你好，我是中国人民公安大学研究人员，定期会跟不同年龄的学生进行访谈，希望了解学生的一些现状与困惑，随机抽取座谈名单进行谈话。以下的谈话纯属个人谈话，因此对于谈话的内容需要各自保密，你回教室和回家之后也不要过多地跟同学、老师和家长谈论这些方面的事情，我同样也会做好保密工作。

一、引入话题（在以下话题的交谈过程中要主动提出自己的合理建议和观点，不能只一味地询问）：

在这么长的学生生涯中，你有没有感觉到不愉快的事情或看到不愉快的事情发生，或者，在学生之间总会发生互相欺负的事情，我希望获得你的一些想法。

1. 校园欺凌定义

（1）同学之间通过什么方式或手段来欺凌人？（尽可能多地收集词条）（5~10分钟）

（2）就你所知，欺凌发生的地方通常在哪里？都有什么特点？

（3）欺凌发生的时间？

（4）欺凌人是单独欺凌别人还是跟别人一起欺凌别人？（男孩还是女孩？几个？）

（5）受欺凌的是单独受别人欺凌还是几个人同时受别人欺凌？是几个人去欺凌一个人？（男孩、女孩？）

（6）就你所知，那些喜欢欺凌别人的同学在一段时间内，比如三个月或者一个学期中，通常是固定地欺凌某个同学或某些同学，还是欺凌的对象不固定？

2. 你认为，欺凌人的同学为什么欺凌别人？

根据对象的已答内容继续追问：

3. 欺凌行为的结果

（1）同学被欺凌会不会告诉老师？（告诉/不告诉的原因是什么？他们管不

管？老师是怎么处理的？学校是怎么处理的？)

（2）同学被欺凌会不会或者家长？（告诉/不告诉的原因是什么？他们管不管？家长是怎么处理的）

欺凌行为处理之后，欺凌者和被欺凌者有没有转变？（态度+行为）

（3）学校有没有反欺凌的宣传教育？

（4）你看到别的同学欺凌人时，你会怎么做？扮演什么角色？

（5）你会不会害怕自己成为被欺凌对象？

（6）你有没有可能参与欺凌一个你讨厌的人？

最后，在我们结束访谈前，你还有什么其他想要说的吗？

询问这个学生对访谈的感受。

一定要感谢他的参与！

附录2：校园欺凌相关法规

法规名称	国家互联网信息办公室关于进一步加强对网上未成年人犯罪和欺凌事件报道管理的通知	国务院教育督导委员会办公室关于开展校园欺凌专项治理的通知	教育部等九部门关于防治中小学生欺凌和暴力的指导意见	教育部等十一部门关于印发《加强中小学生欺凌综合治理方案》的通知
发布日期	2015.06.30	2016.04.28	2016.11.01	2017.11.22
发布部门	国家互联网信息办公室	国务院教育督导委员会办公室	教育部	教育部
效力级别	部门规章	部门规章	部门规章	部门规章
法规类别	邮政电信（互联网）	教育（校舍建设与管理）	民法（老少妇幼残保护）	教育（中等教育）
时效性	现行有效	现行有效	现行有效	现行有效
适用范围	互联网媒体	全国中小学校（含中职）	全国中小学校（含中职）	全国中小学校（含中职）
指导原则	规范管理	治理	治理-预防	教育为主，预防为先，保护为要，法治为基
涉及部门	各省、自治区、直辖市，网信办、中央新闻网站，新闻网站等	各省、自治区、直辖市，教育厅、教育督导部门等	各省、自治区、直辖市，综合治办、公安厅、检察院，法院，团委、妇联等	各省、自治区、直辖市，教育厅、公安厅、检察院、法院，司法部、人力资源部、团委、妇联、残联
使用术语	未成年人犯罪和欺凌事件	中小学校园欺凌	中小学生欺凌和暴力	中小学生欺凌
欺凌出现频次	欺凌出现6次	欺凌出现16次	欺凌出现45次	欺凌出现120次
引用依据	《中华人民共和国未成年人保护法》《互联网新闻信息服务管理规定》	无	《中小学法制教育指导纲要（2015年修订）》《青少年法治教育大纲》《中小学心理健康教育指导纲要（2012年修订）》《中共中央国务院办公厅关于印发〈健全落实社会治安综合治理领导责任制规定〉的通知》《义务教育学校管理标准》	《关于开展校园欺凌专项治理的通知》《关于防治中小学生欺凌和暴力的指导意见》《中小学（幼儿园）安全工作专项督导暂行办法》
主要内容	1.加强对网上涉及未成年人犯罪和欺凌事件报道的管理，保护未成年人身心健康和合法权益。2.明确单位和个人，依法采取约谈、警示，罚款等处理措施，直至取消网站新闻信息服务资质	通过专项治理，加强法制教育，严肃校规校纪，规范学生行为，依法设立安全校园、和谐校园	1.从德育教育、心智教育预防，开展专题教育，严格学校日常管理，强化学校与周边综合治理，依法处置。2.强化教育惩戒作用，促进校园和谐。3.统筹各部门协作，落实家长监护责任，加强平安校园建设	1.明确学生欺凌界定，建立欺凌工作协调机制；2.明确十一部门职责分工；3.提出具体督导工作要求

附录3：校园欺凌情境测试问题

情境测试：媛媛跟她的朋友上学时都会经过小雨的身边。每次经过时媛媛那一群人都会羞辱小雨，不是装作故意没看到她、就是讥笑她没有朋友，有时候也会将她推倒。小雨虽然继续往前走，但知道她们说的对，只能把眼泪往肚里吞。

1. 就您的看法，您在平时学校生活中更像谁?

□媛媛　　　□小雨　　　□都不是　　　□不知道

2. 您对媛媛的做法有什么感受?（单选）

□我喜欢媛媛这样的学生，因为她们很酷。

□我不会与媛媛这样的学生交往。

□我不喜欢媛媛这样的学生所做的事。

□我很怕媛媛这样的学生。

□我没有任何想法。

3. 您对小雨的处境有什么感受?（单选）

□我会很同情小雨这样的学生。

□我不与小雨这样的学生交往。

□我会很讨厌小雨这样的学生。

□我认为这是小雨这样的学生应得的。

□我没有任何想法。

4. 如果您在场，您会怎么做?（可多选）

□找媛媛谈。

□直接告诉媛媛停止这种行为。

□告诉自己父母。

□寻求其他同学的协助。

□报告老师。

□跑开。

□寻问原因。

□假装没看到。

5. 您觉得小雨应该怎么做呢?（可多选）

□告诉老师。

□告诉自己的父母。

□直接告诉媛媛不应该这样对自己。

□寻求朋友的协助。

□忽视别人对自己这样的行为。

□跑开。

□直接打媛媛，还回来。

□哭泣。

□逆来顺受，接受媛媛这样对待自己。

参 考 文 献

[1] 孔子及弟子. 论语 大学 中庸[M]. 陈晓芬, 徐儒宗, 译. 北京: 中华书局, 2015: 103.

[2] 范晔. 后汉书[M]. 北京: 中华书局, 2007: 152.

[3] 韩非子. 韩非子[M]. 北京: 中华书局, 2015: 378.

[4] 班固. 汉书[M]. 北京: 中华书局, 2007: 1017.

[5] 司马迁. 史记[M]. 北京: 中华书局, 1999: 1469.

[6] 左秋明, 刘向. 战国策[M]. 缪文远, 缪伟, 罗永莲, 译. 北京: 中华书局, 2012: 72.

[7] 王符. 潜夫论[M]. 武汉: 湖北美术出版社, 2012: 23.

[8] 贾谊. 新书[M]. 南京: 凤凰出版社, 2011: 45.

[9] 孔子. 诗经[M]. 王秀梅, 译. 北京: 中华书局, 2015: 608.

[10] 戴圣. 礼记[M]. 南昌: 江西美术出版社, 2012: 234.

[11] 朱锦富. 朱氏家训[M]. 广州: 广东人民出版社, 2009: 35.

[12] 韩愈. 韩愈文集[M]. 沈阳: 辽海出版社, 2010: 62.

[13] 张廷玉. 明史[M]. 沈阳: 中华书局, 2015: 5467.

[14] 森田ゆり, 子どもと暴力——子どもたちと語るために[M]. 东京: 岩波书店, 2011: 20.

[15] 蒋光赤. 少年飘泊者[M]. 北京: 人民文学出版社, 1998: 25.

[16] 弗洛伊德. 本能及其变化[M]. 长春: 长春出版社, 2010: 158.

[17] 叶茂林. 青少年攻击行为研究[M]. 北京: 经济管理出版社, 2005: 134.

[18] 吴宗宪. 西方犯罪学史 (第 2 版) [M]. 北京: 中国人民公安大学出版社, 2010: 1034.

[19] 李玫瑾. 犯罪心理研究——在犯罪预防中的作用 (修订版) [M]. 北京: 中国人民公安大学出版社, 2010, 8 (2): 26~28.

[20] 吴明隆. 结构方程模型[M]. 重庆: 重庆出版社, 2009: 258.

[21] 陈正昌, 程炳林, 陈新丰, 等. 多变量分析方法: 统计软件应用 (第 5 版) [M]. 2009: 283~287.

[22] 曹立群, 周愫娴. 犯罪学理论与实证[M]. 北京: 群众出版社, 2007: 152~153.

[23] 张远煌. 中国未成年人犯罪的犯罪学研究[M]. 北京: 北京师范大学出版社, 2012: 338~342.

[24] 戈特弗里德森, 赫希. 犯罪的一般理论[M]. 吴宗宪, 苏明月译. 北京: 中国人民公安大学出版社, 2009: 74~76.

[25] 巴特尔. 犯罪心理学: 第 11 版[M]. 李玫瑾, 等译. 北京: 轻工业出版社, 2017: 256~2275.

[26] 陈光辉. 中小学欺负受欺负的本土化内涵、基本特点及其与同伴背景的关系 [D]. 济南: 山东师范大学发展与教育心理学系, 2010: 89~92.

[27] 陈亮. 青少年早期的同伴侵害: 发展轨迹、相关因素及性别差异[D]. 济南: 山东师范大学, 2012: 34.

[28] 陈世平, 乐国安. 中小学生校园欺负行为的调查研究[J]. 心理科学, 2002, 25

（3）：355.

[29] 城市农民工学校小学生欺负行为与自感校园社会心理环境的关联研究[J]. 中国儿童保健杂志，2012（10）：34~36.

[30] 邓煌发. 校园安全防护措施之探讨——校园枪击、校园霸凌等暴行事件之防止[J]. 中等教育，2007，58（5）：8~29.

[31] 董娅. 西方文化在我国的传播方式及对青年影响的变化趋势[J]. 西南大学学报（社会科学版），2005，31（6）：88~91.

[32] 儿童福利联盟文教基金会. 国小儿童校园霸凌现象调查报告[EB/OL].（2004-08-31）. http：//www. docin. com/p-1014114959. html.

[33] 橄榄枝中心. 橄榄枝中心与和解圈方法：化解校园霸凌与冲突的另一条路[J]. 学生事务与辅导，2015，54（2）：86~92.

[34] 高山，李维民. 社会控制理论视域下校园欺凌致因研究[J]. 风险灾害危机研究，2017（1）：4~25.

[35] 韩自强，肖晖. 校园欺凌与青少年生活质量、偏差行为和自杀的相关性研究[J]. 风险灾害危机研究，2017（1）：71~91.

[36] 洪文琦，黄淑贞. 学童体型与霸凌行为相关性研究[J]. 健康促进与卫生教育杂志，2015（39）：19~38.

[37] 侯珂，张云运，骆方，等. 邻里环境、父母监控和不良同伴交往对青少年问题行为的影响[J]. Psychological Development and Education，2017，33（1）：85~94.

[38] 黄成荣，马勤. 从香港中学教职员问卷调查看学童欺凌现象与对策[N]. 教育研究学报，2002（2）：253~273.

[39] 基于社会生态学观的校园欺负行为研究进展[J]. 中国学校卫生，2014（5）：11~15.

[40] 纪林芹，张文娟，张文新. 学校欺负与同伴背景的关系[J]. 华南师范大学学报（社会科学版），2004（5）：104~109.

[41] 江苏检察网. 校园暴力案件起码有三成与校园欺凌有关[EB/OL].（2017-01-15）. http：//www. js. jcy. gov. cn/yaowen/201701/t3310787. shtml.

[42] 姜干金. 领悟社会支持量表[J]. 中国行为医学科学，2001（10）：41~43.

[43] 教育部. 2016年全国教育事业发展统计公报[EB/OL].（2017-07-10）. http：//www. gov. cn/shuju/2017-07/10/content_ 5209370. htm.

[44] 李斯. 谏逐客书[M/OL].（2009-01-09）. http：//hanyu. baidu. com/shici/detail？pid= 411e4248dc87486693b130a39d9dfc5d&from=kg0.

[45] 李永连. 从日本青少年的欺侮行为看现代青少年的心态发展特点[J]. 外国教育研究，1995（2）：39~40.

[46] 罗品欣，陈李绸. 国小学童霸凌经验量表指编制与应用[J]. 测量学刊，2014，61（2）：213~238.

[47] 马致远. 半夜雷轰荐福碑[M/OL].（2009-01-09）. http：//ziliaoku. jxwmw. cn/system/2009/01/09/010094477. shtml.

[48] 民主与法制时报. 姚建龙：应尽可能让校园欺凌不出校园[EB/OL].（2017-05-19）. http：//

www. mzyfz. com/cms/benwangzhuanfang/xinwenzhongxin/zuixinbaodao/html/1040/2017-05-19/content-1270475. html.

[49] 屈智勇，邹泓. 家庭环境、父母监控、自我控制与青少年犯罪[J]. 心理科学，2009，32（2）：360~363.

[50] 上海市第二中级人民法院. 2012-2014 年性侵害未成年人案件审判白皮书［EB/OL］. （2013-10-24）. http：//www. shezfy. com/book/bps/2014/p01. html.

[51] 苏萍，张卫，喻承甫，等. 父母婚姻冲突、不良同伴交往对初中生攻击行为的影响：一个有调节的中介模型[J]. 心理科学，2017，40（6）：1392~1398.

[52] 田录梅，袁竞驰，刘璐，等. 同伴地位与青少年冒险行为的关系：一个有调节的中介模型[J]. 心理发展与教育，2017，33（5）：535~543.

[53] 王素华，陈杰，李新影. 交往不良同伴对青少年自身问题行为的影响：性别和年龄的调节作用[J]. 中国临床心理学杂志，2013，21（3）：281~291.

[54] 王玉香. 农村留守青少年校园欺凌问题的质性研究[J]. 中国青年研究，2016（12）：63~68.

[55] 吴方文，宋映泉，黄晓婷. 校园欺凌：让农村寄宿生更"受伤"——基于 17841 名农村寄宿制学校学生的实证研究[J]. 中小学管理，2016（8）：8~11

[56] 谢宝富. 城市化进程中流动人口随迁子女义务教育问题研究——以北京市城乡结合部城市化改造为例[J]. 北京社会科学. 2013，1

[57] 徐铉. 观人读春秋［M/OL］. （2015-11-03）. https：//baike. baidu. com/item/%E8%A7%82%E4%BA%BA%E8%AF%BB%E6%98%A5%E7%A7%8B.

[58] 央广网. 校园欺凌现象调查：不容忽视的隐痛［EB/OL］. （2016-12-14）. http：//www. china. com. cn/legal/fzgc/2016-12/14/content_ 39910898. htm.

[59] 姚建龙. 防治学生欺凌的中国路径：对近期治理校园欺凌政策之评析[J]. 特别观察，2017（36）：19~25.

[60] 姚建龙. 校园暴力：一个概念的界定[J]. 中国青年政治学院学报，2008（4）：38~43.

[61] 张桂蓉，李婉灵. 校园如何成为孩子们成长的"灰色地带"[J]. 风险灾害危机研究，2017（1）：26~51.

[62] 张荣显，杨幸真. 玩耍或者霸凌？国小高年级男同性霸凌经验之研究[J]. 教育学志，2010：24：41~72.

[63] 张文新，陈亮，纪林芹，等. 童年中期身体侵害、关系侵害与儿童的情绪适应[J]. 心理学报，2009，41（5）：433~443.

[64] 张文新，谷传华，王美萍，等. 中小学生欺负问题中的性别差异的研究[J]. 心理科学，2000，23（4）：435.

[65] 张文新，武建芬，程学超. 儿童欺侮问题研究综述[J]. 心理学动态，1999，7（3）：37~42.

[66] 张文新. 中小学生欺负/受欺负的普遍性与基本特点[J]. 心理学报，2002，34（4）：387~394.

[67] 张应立，陈学光. 196 个青少年团伙犯罪的调查和分析［J］. 江苏警官学院学报，2009，

24 （6）：102~109.

［68］张应立，涂学华. 论我国团伙犯罪的发展变化趋势与对策［J］. 青少年犯罪问题，2005
（4）：31~35.

［69］赵莉，雷雳. 关于校园欺负行为中收欺凌者研究的述评［J］. 心理科学进展，2003，11
（6）：668~674.

［70］郑希付. 中学欺侮行为质性研究［J］. 心理科学，2000，23（1）：73~76.

［71］中国网信网. 国家互联网信息办公室关于进一步加强对网上未成年人犯罪和欺凌事件报
道管理的通知［EB/OL］.（2015-06-30）. http：//www. cac. gov. cn/2015/06/30/c_
1115773614. htm.

［72］中国新闻网. 中国校园欺凌调查报告发布：语言欺凌是主要形式［EB/OL］.（2017-05-
21）. http：//www. chinanews. com/sh/2017/05-21/8229705. shtml.

［73］中华人民共和国教育部. 国务院关于开展学生欺凌专项治理的通知［EB/OL］.（2016-04-
28）. http：//www. moe. edu. cn/srcsite/A11/moe_ 1789/201605/t20160509_ 242576. html.

［74］中华人民共和国教育部. 加强中小学生欺凌综合治理方案［EB/OL］.（2016-11-01）. http：//
www. moe. edu. cn/jyb_ xwfb/xw_ fbh/moe_ 2069/xwfbh_ 2017n/xwfb_ 20171227/sfcl/201712/
t20171227_ 322963. html.

［75］中华人民共和国教育部. 教育部等关于防治中小学生欺凌和暴力的指导意见［EB/OL］.
（2016-11-01）. http：//www. moe. edu. cn/srcsite/A06/s3325/201611/t20161111 _
288490. html.

［76］朱新筱，李春，许岩. 欺负发生的学校背景［J］. 教育科学研究，2005：31~34.

［77］吕叔湘，丁声树. 现代汉语词典（第6版）［M］. 北京：商务印书馆，2012：407.

［78］许慎. 解文说字［M］. 北京：中国戏剧出版社，2008：454.

［79］叶柏来. 解文说字：识字锦囊［M］. 南理工大学出版社，2005：298.

［80］李运富. 古代汉语字典［M］. 北京：中国青年出版社，2010：16.

［81］英国柯林斯出版公司. 柯林斯高阶英汉双解学习词典（第8版）［M］. 北京：外语教学
与研究出版社，2011：175.

［82］赵翠莲，邹晓玲. 牛津高阶英汉双解词典（第8版）［M］. 北京：商务印书馆，
2014：260.

［83］邱珍琬. 校园霸凌行为实际——师生观点比较［R］. 九十学年度师范院校教育学术论，
2001，12.

［84］Alsaker F, Brunner A. The Nature of School Bullying：A Crossnational Perpective［M］. London：
Routledge, 1999：34~52.

［85］Anderson E. Code of the street：Decency, violence, and the moral life of inner city［M］. New
York, NY：W. W. Norton Company. 1999：87~102.

［86］Arluke A, Madfis E. Animal abuse as a warning sign of school massacres：A critique and refine-
ment［J］. Homicide Studies, 2014, 18：7~22.

［87］Arneklev B J, Grasmick H G, Bursik R J. Evaluating the Dimensionality and Invariance of Low
Self -Control［J］. Journal of Quantitative Criminology, 1999（15）3：307~331.

［88］Arora C M. Defining Bullying［J］. School Psyhology International, 1996, 17: 317~329.

［89］Austin R L. Adolescent subcultures of violence［J］. The Sociological Quarterly, 1980 (21): 545~561.

［90］Batsche G M, Knoff H M. Bullies and their victims: Understanding a pervasive problem in the schools［J］. School Psychology Review, 1994, 23: 165~174.

［91］Beale A, Hall K. Cyberbullying: What school administrators can do［J］. Clearing Housie, 2007, 81: 8~12.

［92］Belsey B. The define of cyberbullying［EB/OL］. (2006-03-11). Http://www. cyberbullying. ca.

［93］Benitez J L, Justicia F. Bullying: Description and Analysis of the Phenomenon, Granada: University of Granada［J］. Department of Developmental and Educational Psychology, 2006: 87~91.

［94］Blair C, Raver C. Child development in the context of adversity: Experiential canalization of brain and behavior［J］. American Psychologist, 2012, 67: 309~318.

［95］Bosworth K, Espelage D L, Simon T R. Factors associated with bullying behavior in middle school students［J］. Journal of Early Adolescence, 1999, 19: 341~362.

［96］Boulton M, Smith P K. Bully/victim Problems in Middle-school Children Stability, Self-perceived, Competence, Peer Perceptions and Peer Acceptance.［J］. British Journal of Developmental Psychology, 1994 (12): 315~329.

［97］Bradshaw C, Sawyer A, O' Brennan L. Bullying and peer victimization school: perceptual differences between students and school staff［J］. School Psychology Review, 2007, 36: 361~383.

［98］Bronfenbrenner U. Ecological systems theory［J］. Annals of Child Development, 2010, 6: 187~249.

［99］Bronfenbrenner U. Developmental research, public policy and the ecology of childhood［J］. Child Development, 1974, 45 (1): 1~5.

［100］Bronfenbrenner U. The ecology of human development［M］. Cambridge, MA: Harvard University Press, 1979.

［101］Byongook Moon, Hye-Won Hwang, John D Mc Cluskey. Causes of School Bullying: Empirircal Test of a General Theory of Crime, Differential Association Theory, and General Strain［J］. Theory Crime & Delinquency, 2011: 57 (6): 849~877.

［102］Byongook Moon, Leanne Fiftal Alarid. School bullyin, low self-control, and opportunity［J］. Journal of Interpersonal Violence, 2015, 30 (5): 839~856.

［103］Cao Liqun, Deng Xiaogang. Shoplifting: A test of an integrated model of strain, differential association, and seduction theories［J］. Sociology of Crime, Law, and Deviance, 1998, 1: 65~83.

［104］Carney A G, Merrell K W. Bullying in schools: perspectives on understanding and preventing an international problem［J］. School Psychology International, 2001, 22 (3): 364~382.

［105］Carney L V. Perceptions of bullying and associated trauma during adolescence［J］. Professional School Counseling, 2008, 11 (3): 179~188.

［106］Carter H, Ryan M, Karen M. Traditional Bullying, Cyber Bullying, and Deviance: A General Strain Theory Approach［J］. Journal of Contemporary Criminal Justice, 2010, 26（2）: 130~147

［107］Christina Salmivalli. The Implementation and Effectiveness of the KiVa Antibullying Program in Finland［J］. European Psychologist, 2013（2）: 79~88.

［108］Coie J D. The impact of negative social experience on the development of antisocial behavior. Children's peer relations: From development to intervention［M］. Washington, DC: American Psychological Association. 2004: 56~71.

［109］Cook C R, Williams K R, Guerra N G, et al. Predictors of bullyingand victimization in childhood and adolescence: A meta-analytic investigation［J］. School Psychology Quarterly, 2010, 25: 65~83.

［110］Craig W, Harel-Fisch Y, Fogel-Grinvald H, et al. A crossnational profile of bullying and victimization among adolescents in 40 countries［J］. International Journal of Public Health, 2009, 54（2）: 216~224.

［111］Craig W, Pepler D, Atlas R. Observations of bullying in the playground and in the classroom ［J］. School Psychology International, 2000, 21（1）: 22~36.

［112］Crick Nicki R, Grotpeter Jennifer K. Relational aggression, gender, and social-psychological adjustment［J］. Child Development, 1995（66）: 710~722.

［113］Dickens C. The adventures of Oliver Twist［M］. London, UK: Oxford University Press, 1966: 89~95.

［114］Dinkmeyer D, McKay G. Parenting teenagers［M］. Coral Springs, FL: STEP Publishers, 1990: 230~243.

［115］Dolgin K G. The adolescent: Development, relationships, and culture［J］. Upper Saddle River, NJ: Prentice Hall, 2010, 9（13）: 24~36.

［116］Duncan Barkes. Social media firms 'failing' to tackle bullying［EB/OL］.［2015/2/26］. http://www.bbc.com/news/technology-43197937.

［117］Duncan N. Sexual bullying: Gender conflict and pupil culture in secondary schools［M］. London: Routledge, 1999.

［118］Espelage D, Bosworth K, Simon T R. Examining the social context of bullying behaviors in early adolescence［J］. Journal of Counseling Development, 2000, 78: 326~333.

［119］Espelage D L, Holt M K. Bullying and victimization during early adolescence: Peer influences and psychosocial correlates［J］. Journal of Emotional Abuse, 2001, 2: 123~142.

［120］Ethem E Mujgan Alikasifoglu, Oya Ercan, Omer U Zeynep A. The Role of Parental, School, and Peer Factors in Adolescent Bullying Involvement: Results from the Turkish HBSC 2005/2006 Study［J］. Asia-Pacific Journal of Public Health, 2015, 27（2）.

［121］Eugene Tartakovsky, Julia Mirsky Bullying Gangs Among Immigrant Adolescents from the Former Soviet Union in Israel［J］. Journal of Interpersonal Violence, 2001, 5（3）: 247~265.

［122］Gazelle, H. Class climate moderates peer relations and emotional adjustment in children with an early history of anxious solitude: A child environment model［J］. Development psychology.

[123] Goldstein S E, Young A, Boyd C. Relational aggression at school: associations with school safety and social climate[J]. Journal of Youth and Adolescence, 2007, 37 (6): 641~654.

[124] Good T L, Brophy J E. Looking in classrooms[M]. New York: Addison-Wesley, 1996 (7): 56~62.

[125] Griffin R, Gross A. Childhood bullying: current empirical findings and future directions for research[J]. Aggressive and Violent Behaviour, 2004, 9: 379~400.

[126] Guymer A C, Mellor D, Luk E S, et al. The development of a screening questionnaire for childhood cruelty to animals[J]. Journal of Child Psychology and Psychiatry, 2001, 2006, 42 (6): 1179~1192.

[127] Hawker D S J, Boulton M J. Twenty years' research on peer victimization and psychosocial maladjustment: a meta-analytic review of cross-sectional studies [J]. Journal of Child Psychology and Psychiatry, 2000 (4): 441~455.

[128] Hazlerm R J, Miller D L, Carney L V, et al. Adult recognition of school bullying situations [J]. Educational Research, 2001, 43 (2): 133~146.

[129] Heinemann P P Möbbning. Gruppvald blant barn og. vokane[J]. Stockholm Naturoch Nultur, 1973: 35.

[130] Hendry R. Building and restoring respectful relationships in schools: A guide to using restorative practice[M]. London. New York: Routledge, 2009: 89~110.

[131] Hoeve M, Smeenk W, Loeber R, et al. Long-term effects of parenting and family characteristics on delinquency of male young adults [J]. European Journal of CCriminology, 2007 (4): 161~194.

[132] Zhang Hongwei, Zhao Jihong Solomon, Ren Ling, et al. Subculture, Gang Involvement, and Delinquency: A Study of Incarcerated Youth in China[J]. Justice Quarterly, 2017, 34 (6): 1~26

[133] Hu L, Bentler P N. Cutoff criteria for fit index in covariance structure: Conventional criteria versus new alternatives[J]. Structural Equation Modeling, 1999, 6 (1): 552~534.

[134] Hyunseok J, Juyoung S, Ramhee K. Does the offline bully-victimization influence cyberbullying behavior among youths? Application of General Strain Theory[J]. Computers in Human Behavior, 2013, 31: 85~93.

[135] Jane Ed D Nelsen. Positive Discipline[M]. Random House Publishing Group, 2006: 30~36.

[136] Jensen G F, Brownfield D Gender, lifestyles, and victimization: Beyond routine activity[J]. Violence and Victims, 1986, 1: 85~99.

[137] Justin W Patchin, Sameer Hinduja. Traditional and Nontraditional Bullying Among Youth: A Test of General Strain Theory[J]. Youth Society, 2011, 43 (2): 727~751.

[138] Juvonen J, Graham M, Schuster A. Bullying Among Young Adolescents: The Strong, the Weak and the Troubled[J]. Pediatrics, 2003, 1112~1231.

[139] Kogan G. A systematic review of the literature on the effects of school bullying from the framework of Jurgen Habermas's theory of communicative action [J]. Dissertations Theses-

Gradworks, 2011: 76~81.

［140］Kowalski R, Limber P. Electronic Bullying Among Middle School Students［J］. Journal of Ado-lescent Health, 2007, 41 (1) : 22~30.

［141］Kyrre B, Dan Olweus. An Item Response Theory Analysis of the Olweus［J］. Bullying Scale Aggressive behaviour, 2015, 41: 1~13.

［142］Lauren E Swift, Julie A Hubbard, Megan K Bookhout, et al. Teacher factors contributing to dosage of the KiVa anti-bullying program ［J］. Journal of School Psychology, 2017, 65: 102~115.

［143］Ren Ling, Zhang Hongwei, Solomon Jihong. Delinquent Subculture and Juvenile Offenders' Attitudes Toward the Police in China［J］. Police Quarterly, 2016, 19 (1): 87~110.

［144］Longshoer, Douglas, Rand, et al. Self-control in a criminal sample: An examination of con-struct validity［J］. Criminology, 1996, 34 (2): 209~229.

［145］Demaray M K, Malecki C K. Perceptions of the Frequency and Importance of Social Support by Students Classfied as Victims, Bullies ［J］. Journal Psychology Review, 2003, 32 (3): 471~489.

［146］Marr N, Fields T. Bullycide: Death at playtime ［M］. UK: Success Unlimited, 2001.

［147］Maxwell G, Carroll-Lind J. The Impact of Bullying on Children ［R］. Wellington: Office of the Commissioner for Children Occasional Paper No. 6. 1997.

［148］Mazerolle P, Piquero A. Linking exposure to strain with anger: An investigation of deviant ad-aptations［J］. Journal of Criminal Justice, 1998, 26: 195~211.

［149］Menesini E. Cross National Comparison of Children's Attitudes Towards Bully /Victim Problems in School［J］. Aggressive Behavior, 1997 (23): 245~257.

［150］Morales Boxer P, Guerra N G, Huesmann L R. Proximal peer-level effects of a small-group se-lected prevention on aggression in elementary school children: An investigation of the peer con-tagion hypothesis. ［J］. Abnorm Child Psychol, 2005 (33): 325~338.

［151］Myron-Wilson R, Smith P K. Attachment relationships& influences on bullying［J］. Postgraduate article, 1997: 23~26.

［152］Nansel T R, Overpeck M, Pilla R. Bullying behaviors among US youth: Prevalence and asso-ciation with psychosocial adjustment［J］. Journal of American Medical Association, 2001 (8): 94~100.

［153］Nicolaides S, Toda Y, Smith P K. Knowledge and attitudes about school bullying in trainee teachers［J］. British Journal of Educational Psychology, 2002, 72: 105~118.

［154］Ollendick T H, Schroeder C S. (eds) . Encyclopedia of Clinical Child and Pediatric Psychol-ogy［M］. New York: Kluwer Academic, 2003: 26~34.

［155］Olweus D. Aggression in Schools: Bullies and Whipping Boys［M］. Washington. DC: Hemi-sphere, 1978: 2~13.

［156］Olweus D. Aggression in the schools: Bullies and victimization in school peer groups［J］. The Psychologist, 1978, (4): 245~248.

[157] Olweus D. Bullying at school: Basic facts and an effective intervention program[J]. Child Psychol psychiatry, 1994, 35 (7): 1171~1190.

[158] Olweus, D. Peer harassment: A critical analysis and some important issues. Peer harassment in school: The plight of the vulnerable and victimized[M]. New York, NY: The Guilford Press, 2001: 3~20.

[159] Olweus D, Susan P. Limber. Bullying in School: Evaluation and Dissemination of the Olweus Bullying Prevention Program [J]. American Journal of Orthopsychiatry, 2010, 80 (1): 124~134.

[160] Orpinas P, Horne A M. Bullying prevention: Creating a positive school climate and developing social competence[M]. Washington, DC: American Psychological Association, 2006.

[161] Smith P K, Shu S. What Good Schools Can Do About Bullying[J]. Childhood A Global Journal of Child Research, 2000 (7): 193~212.

[162] Pellegrini A, Long J. A Longitudinal study of bullying, dominance, and victimization during the transition from primary school through secondary school, [J]. British Journal of Developmental Psychology, 2002, 20: 259~280.

[163] Piers E V. Manual for the Piers-Harris Children' Self-Concept Scale[J]. Los Angeles. CA: Western Psychological Services. 1984: 26 (2): 162~176.

[164] Pikas A. Sa stoppar vi mobbning[M]. Stockholm: Prisma, 1975.

[165] Pratt T, Turner M, Piquero A. Parental socialization and community context: A longitudinal analysis of the structural sources of low self-control[J]. Journal of Research in Crime and Delinquency, 2004, 41: 219~243.

[166] Renken B. Early childhood antecedents of aggression and passive withdrawal in early elementary school[J]. Journal of Personality, 1989, 57: 257~281.

[167] Rigby K, Slee P. 'Australia' . The Nature of School Bullying: A Cross-National Perspective [M]. London: Routledge, 1999.

[168] Rigby K. Bullying in school: And what to do about it. London [M]. UK: Jessica Kingsley, 1996.

[169] Rigby K. Children and Bullying: How parents and teacher can reduce bullying[M]. Oxford: Blackwell. 2007: 86~91.

[170] Rivers I, Duncan N, Besag V. Bullying: A handbook for educator and parents[M]. Westport, CT: Praeger, 2007: 65~71.

[171] Robert K Merton. Social Theory and Social Structure: Toward the Codification of Theory and Research[M]. Glencoe, IL: Free Press, 1949: 201.

[172] Robet Agnew, Lisa Broidy. Gender and crime: A general strain theory perspective[J]. Journal of Research in Crime and Delinquency, 1997, 34 (3): 278~281.

[173] Rodman H, Grams P. Juvenile delinquency and the family: A review and discussion[J]. Task Force Report: Juvenile Delinquency and Youth Crime, 1967 (3): 34~51.

[174] Salmivalli C, Lagerspetz K, OstermanK, et al. Bullying as a group process: participant roles

and their relation to social status within the group[J]. Aggressive Behavior, 1996, 22: 1~15.

[175] Sanders C, Phye G. Bullying: Implications for the Classroom[M]. USA: Elsevier Academic Press, 2004: 23~25.

[176] Shaw D, Shellbey E. Early-starting conduct problems: Intersection of conduct problem and porverty[J]. Annual Review of Clinial Psychology, 2014, 10: 503~528.

[177] Slee P T, Rigby K. The relationship of Eysenck's personality factor and self-esteem to bully/victim behavior in Australian school boys[J]. Personality and Individual Differences, 1994 (14): 371~373.

[178] Smith P K, Boulton M J. Rough and tumble play, aggression and dominance: perception and behavior in chindren's encounters[J]. Human Development, 1990, 33: 271~282.

[179] Smith G W. The ideology of "Fag": The school experience of gay students. Beyond silenced voices: Class, race, and gender in United States schools[M]. New York: State University of New York Press. White, H, 2005: 95~116.

[180] Smith P K, Coeie H, Olafsson R F, et al. Defintions of bullying: A comparison of terms used, and age gender differences, in a fourteen-country international comparison[J]. Child Development, 2002, 73 (4): 1119~1133.

[181] Smith P K, Sutton Jon. Social cognition and bullying: Social inadequacy or skilled manipulation? [J]. British Journal of Developmental Psychology, 1999 (17): 435~450.

[182] Smith P K, Mahdavi J Fisher, Russell S S. Cyberbullying: Its nature and impact in secondary school pupils[J]. Journal of Child Psychology and Psychiatry, 2008, 49: 376~385.

[183] Solberg M, Olweus D. Prevalence estimation of school bullying with the Olweus Bully/Victim Questionnaire[J]. Aggressive Behavior, 2003, 29 (3): 239~268.

[184] Soutter A, McKenzie A. The use and effects of anti-bullying and anti-harassment policies in Australian schools[J]. School Psychology International, 2000, 21 (1): 96~105.

[185] Straus M. Discipline and deviance: Physical punishment of children and violence and other crime in adulthood[J]. Social Problems, 1991, 38: 133~154.

[186] Swearer S M, Espelage D L, Napolitano S A. Bullying Prevention and Intervention: Realistic Strategies for Schools[M]. New York: Guilford, 2009: 43~50.

[187] Thomas S, Weisner P. The Urie Bronfenbrenner Top19: Looking back at his bioecological perspective[J]. Mind Culture and Activity, 2008, 15 (3): 258~262.

[188] Thornberry T P, Ireland T O, Smith C A. The importance of timing: The varying impact of childhood and adolescent maltreatment on multiple problem outcomes[J]. Development and Psychopathology, 2001, 13: 957~979.

[189] Travis Hirschi. Causes of delinquency[M]. Berkeley, CA: University of California Press, 1969: 16.

[190] Veenstra R, Lindenberg S, Munniksma A, et al. The complex relation between bullying, victimization, acceptance, and rejection: Giving special attention to status, affection, and sex differences[J]. Child Development, 2010, 81 (2): 480~486.

[191] Vera E P, Moon B. An empirical test of low self-control theory among Hispanic youth[J]. Youth Violence and Juvenile Justice, 2013, 17: 79~93.

[192] Verlinden S, Hersen M, Thomas J. Risk factors in school shootings[J]. Clinical Psychology Review, 2000, 20: 3~56.

[193] Collins W A, Laursen B. Handbook of Adolescent Psychology[M]. 2004: 331~361.

[194] Walters J H, Moore A, Berzofsky M, et al. Household burglary, 1994-2011. Special Report. U. S. Department of Justice[M]. Office of Justice Programs, Bureau of Justice Statistics, 2013.

[195] Wang J, Iannotti R, Nansel T. School bullying among adolescents in the United States: physical, verbal, relational and cyber[J]. Journal of Adolescent Health, 2009, 45 (4): 368~375.

[196] Whitney I, Smith P K. A Survey of the Nature and Extent of Bullying in Junior/Middle and Secondary Schools[J]. Educational Research, 1993, 35 (1): 23~31.

[197] Widom C. Child abuse, neglect, and violent criminal behavior[J]. Criminology, 1989, 27: 251~271.

[198] Wigfield A, Eccles J S, Mac lver D, et al. Transitions during early adolescence: Changes in children's domain specific self-perceptions and general self-esteem across the transition to junior high school[J]. Developmental Psychology, 1991: 552~566.

[199] Wolfgang M E, Ferracuti F. The subculture of violence[M]. New York, NY: Travistock Publications. 1967: 35~56.

[200] Young J. Seals D. Bullying and victimization: Prevalence and relationship to gender, grade level, ethnicity, self-esteem and depression[J]. Adolescence, 2003, 38 (152): 735~740.

[201] Wu Yuning, Lake Rodney, Cao Liqun, et al. Social bonds and juvenile attitude toward the police[J]. Justice Quarterly, 2015, 32 (3): 445~470.